Um novo olhar para o secretariado

COORDENAÇÃO EDITORIAL
Cláudia Avelino • Elídia Ribeiro • Walkiria Almeida

Um novo olhar para o secretariado

Literare Books
INTERNATIONAL
BRASIL · EUROPA · USA · JAPÃO

© LITERARE BOOKS INTERNATIONAL LTDA, 2023.
Todos os direitos desta edição são reservados à Literare Books International Ltda.

PRESIDENTE
Mauricio Sita

VICE-PRESIDENTE
Alessandra Ksenhuck

DIRETORA EXECUTIVA
Julyana Rosa

DIRETORA COMERCIAL
Claudia Pires

DIRETORA DE PROJETOS
Gleide Santos

ASSISTENTE DE PROJETOS
Auana Rocha

EDITOR
Enrico Giglio de Oliveira

EDITOR JÚNIOR
Luis Gustavo da Silva Barboza

ASSISTENTE EDITORIAL
Gabriella Meister

REVISORES
Ivani Rezende

CAPA E DESIGN EDITORIAL
Lucas Yamauchi

IMPRESSÃO
Gráfica Paym

Dados Internacionais de Catalogação na Publicação (CIP)
(eDOC BRASIL, Belo Horizonte/MG)

N945 Um novo olhar para o secretariado: mudanças e transformações / Coordenadoras Cláudia Avelino, Elídia Ribeiro, Walkiria Almeida. – São Paulo, SP: Literare Books International, 2023.
288 p. : 16 x 23 cm

Inclui bibliografia
ISBN 978-65-5922-521-7

1. Secretariado. 2. Carreira. 3. Prática de escritório. I. Avelino, Cláudia. II. Ribeiro, Elídia. III. Almeida, Walkiria.
CDD 651.3741

Elaborado por Maurício Amormino Júnior – CRB6/2422

LITERARE BOOKS INTERNATIONAL LTDA.
Alameda dos Guatás, 102 - Saúde- São Paulo, SP. CEP 04053-040.
+55 11 2659-0968 | www.literarebooks.com.br
contato@literarebooks.com.br

SUMÁRIO

9	PREFÁCIO **William Ladeia de Carvalho**
11	A VISÃO DO EXECUTIVO SOBRE O PROFISSIONAL DE SECRETARIADO EXECUTIVO **Constantino de Oliveira Junior**
19	A ARTE DA DOCÊNCIA NO SECRETARIADO **Walkiria Almeida**
29	GOVERNANÇA CORPORATIVA **Elídia Ribeiro**
39	QUANDO A MENTORIA É O SEU PROPÓSITO **Cláudia Avelino**
49	A COMUNICAÇÃO E SUAS NUANCES **Deise Mendes**
59	A IMPORTÂNCIA DA LÍNGUA PORTUGUESA PARA O PROFISSIONAL DE SECRETARIADO EXECUTIVO **Márcia Soboslay**
67	A FORMAÇÃO EM SECRETARIADO EXECUTIVO COMO UM DIFERENCIAL **Débora M. O. Santos**
75	A TECNOLOGIA COMO APOIO: APLICATIVOS E PLATAFORMAS **Ercilia Marques Gatto**
83	OS IDIOMAS COMO ALAVANCAS PARA O SUCESSO **Valéria Ramos**
93	*COMPLIANCE* E O PROFISSIONAL DE SECRETARIADO **Loiva Medeiros**

101 — FAMILY OFFICE: A DESAFIADORA ARTE DO ATENDIMENTO PESSOAL
Maria do Carmo Gaspar Penteado de Araujo

109 — LGPD (LEI GERAL DE PROTEÇÃO DE DADOS) E O SECRETARIADO EXECUTIVO
Maria Santos

119 — SECRETARIADO E AS REDES SOCIAIS
Cláudia Avelino e Giulia Fernandes

129 — INDICADORES ESTRATÉGICOS: A MANEIRA INOVADORA DE MEDIR A PERFORMANCE SECRETARIAL
Cibele Ortega dos Anjos

139 — LIDERANÇA NO NOVO CENÁRIO
Bete D'elia

147 — HARD & SOFT SKILLS
Rachel Gomes

157 — GESTÃO DE CARREIRA E LIFELONG LEARNING
Eneida Gonçalves Mastropasqua e Neusa Arneiro

167 — O SECRETARIADO E AS GERAÇÕES: DIFERENÇAS E APERFEIÇOAMENTO
Márcia Moya

177 — AMBIENTE MULTICULTURAL
Carla Panzica e Marcela Hosne Ardito

187 — EXPERIÊNCIA INTERNACIONAL
Solange Reis

195 — MINDSET EMPREENDEDOR
Maria Regina Souza

205 — QUALIDADE DE VIDA E TRABALHO: SER ESSÊNCIA É ESSENCIAL
Andréa Fernandes Guenka

215 — ASSESSORIA: PRESENCIAL, REMOTA E HÍBRIDA
Artemísia Alves e Idelma Gil

223 — A DIVERSIDADE COMO FATOR POSITIVO NO SECRETARIADO
Mara Kochen

231 — PROTAGONISMO SECRETARIAL EM SUSTENTABILIDADE SOCIAL
Maria do Carmo Ferreira Lima

239 *OFFICE MANAGER*
Monica Balthazar Bianchi

249 O MUNDO DOS EVENTOS E TODAS AS ETAPAS QUE VOCÊ PRECISA SABER
Bárbara Bora

257 A GESTÃO DE PROJETOS E O SECRETARIADO EXECUTIVO
Simaia Machado

265 TRANSIÇÃO DE CARREIRA
Carolina Trancucci Martins

273 *HOLDING* FAMILIAR COMO PLANEJAMENTO SUCESSÓRIO
Denise Faralli

281 *POOL* DE SECRETARIADO: BENEFÍCIOS E DIFERENCIAIS
Renata Lucatelli

PREFÁCIO

As produções intelectuais sobre profissões precisam de uma bússola orientada para o ritmo frenético de uma empresa, sem ser demasiadamente fantasiosa, mas com a ambição de se mostrar profunda e atual, com foco no que merece atenção, especialmente quando aborda merecidamente as dores dos profissionais de secretariado executivo.

Sim, já passou da hora do mercado de trabalho e das pessoas em geral pararem de classificar os profissionais de secretariado pelo gênero; aliás, nada é tão ultrapassado.

A autenticidade desta obra serve como farol não só para quem é profissional da área, mas especialmente para quem não tem muita informação sobre o tema e para gestoras e gestores que dependem deles.

Se antes os profissionais de secretariado eram limitados a auxiliares administrativos, é bom saber que o mundo do trabalho mudou e que o fator satisfação nunca esteve tão em alta, afinal, esses profissionais (pela sua relevância) não se prendem mais ao salário e sim à realização do que fazem, na sua efetiva participação do planejamento ao resultado.

O profissional de secretariado é plural, organiza eventos, ministra aulas e possui competência para atuar no exterior. Os pesquisadores deixam claro que limite não existe para uma profissão que não permite acomodação.

Os capítulos, organizados e produzidos por autores de referência na arte de secretariar, ampliam a visão para além do fazer e do labor, caminham clareando aspectos da comunicação, tão presente, mas pouco qualificada, da tecnologia como ferramenta de apoio e não de substituição do humano. Tratam, ainda, do mundo do trabalho remoto como uma realidade definitiva, dentre outros assuntos. Este livro é de consulta contínua para quem não pode mais se dar ao luxo de ficar desatualizado.

William Ladeia de Carvalho

1

A VISÃO DO EXECUTIVO SOBRE O PROFISSIONAL DE SECRETARIADO EXECUTIVO

Para o executivo, o profissional do secretariado tem função primordial na organização do dia a dia, na interligação das lideranças e antecipação de assuntos. Ao longo dos anos, passou a desempenhar um papel mais estratégico e humanizado que operacional. As suas competências humanas somam-se às técnicas e ocupam um lugar de destaque no desenvolvimento de sua carreira.

CONSTANTINO DE OLIVEIRA JUNIOR

Constantino de Oliveira Junior

CEO do Grupo Abra, fundou a GOL Linhas Aéreas em 2001, na qual atuou como CEO de 2001 a 2012 e, atualmente, é presidente de seu conselho de administração. Introduziu o conceito *"low-cost, low-fare"* no setor aéreo brasileiro e foi eleito Executivo de Valor pelo jornal *Valor Econômico* em 2001 e 2002. Em 2003, foi eleito o principal executivo do setor de logística pelos leitores da *Gazeta Mercantil*, jornal financeiro brasileiro e, em 2008, foi nomeado Executivo Distinto na categoria Transporte Aéreo do prêmio Galeria Latino-Americana de Aeronáutica, patrocinado pela IATA. Recebeu o prêmio ALAS da ALTA em novembro de 2022. De 1994 a 2000, atuou como diretor de uma empresa de transporte terrestre de passageiros. Estudou Administração de Empresas na Universidade do Distrito Federal Jorge Amaury e participou do *Executive Program in Corporate Management for Brazil*, realizado pela Association for Overseas Technical Scholarships (Japão).

O secretariado, ao longo dos anos, teve que acompanhar as demandas do executivo. Percebemos que, com a chegada das tecnologias móveis, facilitando a comunicação e a desburocratização da empresa, essa função recebeu novas atribuições.

Historicamente, o que antes chamaríamos de secretária (por ser, em sua quase exclusividade, uma ocupação para mulheres) era a pessoa responsável pelo atendimento, recepção, agendamento e organização burocrática, atas de reuniões e arquivamento de documentos da empresa. Hoje, suas atribuições extrapolam a atender telefones e marcar compromissos.

Nasci em Patrocínio (Triângulo Mineiro); depois, minha família foi morar em Brasília. Cresci dentro da empresa da família, costumo dizer que nasci transportando gente. Eu gostava de ficar na garagem do meu pai e vivia mexendo nas ferramentas da mecânica, enfiado debaixo de ônibus ou interagindo com os colaboradores.

Mesmo antes de cursar Administração, eu já estava trabalhando para a empresa do meu pai. Já tinha passado por diversas áreas e isso me capacitou de alguma forma aos assuntos da área empresarial. Dentro dessa experiência, como consequência, comecei a gerir empresas e minha vida sempre foi rodeada por secretárias.

Penso que o profissional de secretariado tem que ser o anjo da guarda do executivo; mesmo sendo uma expressão antiga, acredito que traduz exatamente o que sentimos. Tem que haver certa simbiose que permita a este profissional antecipar-se aos acontecimentos da empresa, entender sobre as necessidades e preferências dos executivos, sempre com sensibilidade e tino para mostrar, inclusive, o que não gostamos, ou não aprovaríamos. Como um anteparo das demandas, ele exerce um papel que vai além de colocar apontamentos em uma agenda. Nesse âmbito, atualmente, com as facilidades das mídias eletrônicas e os sistemas de controle, podemos agendar as nossas próprias reuniões em plataformas compartilhadas; eu apenas tenho que adicionar a minha assistente como convidada no aplicativo para que ela saiba da reunião. Para mim, é muito mais fácil marcar pessoalmente o meu compromisso e decidir o que é urgente ou não. A ela, fica a responsabilidade de organizar as reuniões periódicas da empresa.

O valor do profissional de secretariado transcende, e muito, a marcação de obrigações profissionais em uma agenda física, o ato de passar pessoalmente relatórios e instruções para reuniões. Hoje a comunicação é feita por *smartphone*, despachamos muito mais rapidamente. Eu diria que, excluindo-se a parte mais "braçal", a burocrática, de anotações e organização de arquivos, atualmente destinou-se a esse profissional a parte nobre da função. Nesse momento, de atualização tecnológica e digitalização de agendas e documentos, precisamos que essa ocupação seja feita por pessoas com capacidade de ajudar, filtrar assuntos, organizar a vida do executivo – com competência para não fazer da rotina um pesadelo – com sensibilidade e equilíbrio para não sobrecarregar, não atropelar ou até sobrepor compromissos.

A qualidade número 1 do profissional do secretariado deve ser sua habilidade humana. As competências de ordem técnica podem ser bem absorvidas na formação técnica, em cursos e graduação, mas as competências humanas e comportamentais devem ser-lhes inerentes. Deve haver equilíbrio socioemocional a partir dele para o ambiente fluir, pois parte desse profissional o desenrolar das atividades para que todos exerçam bem as suas demandas.

Muitas vezes, é o profissional de secretariado quem precisa negociar questões relacionadas ao ordenamento das tarefas do executivo, sobre como dispor os compromissos do dia. Deve fazer isso com sensibilidade para perceber se há sobrecargas e agir para poupar ao máximo essa tensão, até mesmo aliviar pesos, mudar a atenção, redirecionar o foco, mostrar outra linha de raciocínio. Às vezes, até desmarcar compromissos, encerrar a agenda mais cedo, permitir ao executivo descansar, intuitivamente, pensando em baixar o nível de estresse.

Como executivos de grandes empresas, é normal que entremos em *looping*, não percebamos o ritmo desenfreado das imposições, com reuniões até tarde da noite, por exemplo. Hoje, acordamos já consultando as mensagens no WhatsApp, somos cobrados a responder instantaneamente às solicitações, resultado do avanço da tecnologia em que o estar on-line carrega um senso de urgência que, quase sempre, dificulta ao executivo distinguir o que é verdadeiramente urgente daquilo que é importante. Por estar de fora desse turbilhão, o profissional de secretariado ajuda, com frequência, a filtrar assuntos que não são importantes ou urgentes.

Mas isso também depende da experiência desse profissional, ele tem que saber que essa sobrecarga ou essas exigências não são dele. É preciso desempenhar o papel de olhar para as necessidades do executivo, sendo um anteparo para defender e separar assuntos, colocando-os na ordem do dia ou adiando-os. Isso vai depender da afinidade que tem com os seus executivos.

O papel do assistente ou do profissional de secretariado é essencial para organizar e antever: ele não tem mais apenas a atuação transacional, de agendar as reuniões entre os participantes, ele também tem que facilitar a preparação da reunião, conhecer os participantes, adiantar pontos, planejar o ambiente, dentro ou fora da empresa, assumindo responsabilidades do âmbito da empresa, de controle ou monitoramento.

Um bom profissional consegue monitorar relatórios dentro dos programas, preparar uma reunião e coletar informações e dados, para o executivo, sobre os demais envolvidos nessa reunião. Continuamente, o fluxo de compromissos é intenso e, dependendo de com quem vamos nos encontrar, é possível que o profissional de secretariado nos informe sobre questões relevantes. Vou exemplificar: se tenho que receber um fornecedor, é esperado que esse profissional me passe o histórico da pessoa, de sua empresa, dos serviços oferecidos, da qualidade do trabalho e seu nome no mercado. Eu não conheço todo mundo, ele faz essa apresentação para mim. Não é mais a função de receber para a reunião e trazer um cafezinho, é preparar a reunião e me colocar nela.

Em uma viagem de negócios, com a rotina cheia de reuniões, é preciso pegar avião e trocar de cidade, contratar um carro, reservar os hotéis etc. Há um assistente que deixa os relatórios organizados, o histórico dos participantes, a abordagem necessária, os horários e locais das pernoites. É o profissional que está à disposição para os detalhes, a fim de que o executivo possa ter o foco no propósito.

No conselho diretivo, há um profissional que tem papel estratégico dentro da empresa, não é aquela pessoa que fica atrás do computador ou apenas recepciona e orienta quem chega. É a pessoa que reúne as ideias de todos os conselheiros, as sugestões de melhorias, organiza o calendário das reuniões, prepara as informações para que estejam disponíveis a todos os participantes, é quem interage com todas as áreas da empresa, capta referências e dados. É o colaborador que precisa ter isso tudo organizado no prazo e saber cobrar algo que está pendente para a realização do conselho.

É a posição do profissional que tem uma visão nítida, diferente do executivo – decorrente da intimidade e da sua experiência com a empresa –, que o permite dar opiniões livres da pressão ou do compromisso que tem o executivo. Inclusive sobre avanços e tendências no mercado e na tecnologia de melhoria interna.

No meu caso, a profissional de secretariado que responde ao executivo da empresa também é assistente pessoal da minha família; é a pessoa que pode ajustar compromissos pessoais ou familiares. Qualquer demanda na agenda da semana em que precisamos de uma ajudinha ou um ajuste entre os horários.

Hoje, esta profissional é, inclusive, chefe de uma equipe de assistentes, em que atuam como *pool* de secretárias. Nas empresas em que trabalho, contamos com outras assistentes para cada área e suas necessidades. Para isso, é preciso um profissional que gerencie, que alinhe discursos e ideias, que faça o alinhamento para que todos estejam paginados.

A função do profissional de secretariado não pode ser desumanizada. Há atividades mecanizadas, mas tem que ser 100% humana, ter intuição, saber reconhecer as necessidades do executivo, antecipar-se aos acontecimentos, conhecer a forma como ele trabalha. Tem que ter sensibilidade e equilíbrio emocional, pois suas ações afetam todos os que a rodeiam.

A ocupação desse cargo faz do profissional de secretariado alguém como se fosse alguém da família, com amparo e dedicação. É a pessoa que escuta os desabafos, sabe acolher as preocupações, sabe quando interromper e até dar sua opinião.

Para nós, é um orgulho ter uma funcionária ocupando esse cargo e que divulgue seu trabalho, fomentando a carreira dos cursos de secretariado, colocando-se como profissional de sucesso na nossa empresa. A postura dela reflete o que é a companhia.

Buscamos ter sempre um olhar sobre a pessoa, seja ela qual for, dentro da empresa; nós nos preocupamos com todos os funcionários, para manter o ambiente de trabalho favoravelmente agradável, cuidando das suas necessidades e carências. No entanto, pela proximidade, nos preocupamos mais com ela, com seu bem-estar, sua saúde. Temos isso como política da empresa, o modo como agimos, como pensamos, para que assim se reflita em todos os funcionários, a fim de que tenhamos retribuição no mesmo peso.

Sobre as nossas expectativas, no que tange ao profissional do secretariado, espera-se sempre que se antecipe a algumas questões e que esteja disponível, fora de horário e aos finais de semana. Existem situações de necessidade, como estar em viagem de negócios e precisar tirar uma dúvida, precisar de algo que está fora do alcance. Porém, tenho muito cuidado com a postura invasiva, não me permito invadir. Há que se ter moderação, não espero que ela esteja esperando que eu ligue, mas que seja solícita no caso de eu precisar. Tenho que respeitar sua vida pessoal e social, seus compromissos e momentos de descanso ou lazer.

Enfim, o profissional de secretariado é alguém que tenha competência e habilidade para apoiar e enxergar as necessidades do executivo, com experiência e sensibilidade para organizar, preparar, antever e, até, discutir pontos relevantes concernentes à empresa e/ou área relativa à execução de seus trabalhos. Essa função requer disposição e atenção, estar sempre atento, ter um olhar sobre o todo e saber analisar as pequenas partes, para que o andamento das tarefas seja harmonioso.

Para quem está iniciando uma jornada dedicada ao secretariado, um conselho: ame a sua profissão, assim você poderá enxergar as pedras no caminho como degraus que o ajudarão a alcançar objetivos ainda maiores em sua vida profissional e pessoal.

Khalil Gibran diz: "O trabalho é o amor tornado visível. [...] Pois se fazeis o pão com indiferença, vós os fazeis amargo, incapaz de saciar a fome do homem [...]".

2

A ARTE DA DOCÊNCIA NO SECRETARIADO

A docência vai além da sala de aula. Estar com estudantes e fazer a diferença não tem preço. É necessário mediar debates, trazer discussões, reflexões e atualizações. Se todos pudessem experimentar o leve sabor de ser docente, tenho certeza de que muitas atitudes mudariam e o mundo seria melhor. Enfim, é uma missão, uma doação de conhecimento, ressignificação e uma quantidade grande de amor.

WALKIRIA ALMEIDA

Walkiria Almeida

Contatos
w_almeida35@hotmail.com
Lattes: https://bit.ly/3uaD9am
LinkedIn: https://bit.ly/3x8ObyL
Instagram: @wa.educorp

Mestre em Administração com concentração em Gestão Internacional, pela Escola Superior de Propaganda e Marketing (ESPM). Mais de 30 anos de experiência como secretária executiva de presidência e diretoria. Palestrante nacional e internacional (1º Fórum Internacional de Secretariado, em Moçambique). Docente na FMU, no curso de Secretariado Trilíngue. Diretora da WA – Educação Corporativa e New Consultoria *Jobhunter*, *Headhunter* e Mentoria. Facilitadora de cursos na Consultre – Cursos e Eventos para Administração Pública. Coordenadora, autora e coautora de algumas obras: *Competências dos profissionais de secretariado em diferentes empresas* (2017); *Recepção, atendimento e técnicas secretariais* (2020); *Excelência no secretariado* (2013/2021); *O futuro do secretariado: educação e profissionalismo* (2019); *Meu Cliente subiu no telhado... E agora?* (2021); *As incríveis: histórias de mulheres que deram a volta por cima e fizeram acontecer* (2022), esses quatro últimos publicados pela Literare Books International.

> *Educar é ser um artesão da personalidade,*
> *um poeta da inteligência, um semeador de ideias.*
> AUGUSTO CURY

História

Quem foi o primeiro professor da história da humanidade? A profissão de professor é uma das mais antigas que existe. Há 25 séculos, o filósofo grego Sócrates foi professor de Platão. Sócrates não ensinava em uma escola, mas em locais públicos, como praças e ginásios.

Quem foi o primeiro professor no Brasil?

De acordo com pesquisas, em 1553, chegava ao Brasil aquele que viria a se tornar o primeiro professor no País. O padre José de Anchieta dava aulas para indígenas na época da Colônia e sua missão era ensinar sobre o Cristianismo. No entanto, ele também aprendeu o guarani, língua falada na época e que fazia parte da cultura indígena.

Estratégias de aprendizagem: ensinar e aprender

O significado de ensinar é amplo, podem-se utilizar alguns verbos como instruir, fazer, comunicar conhecimentos, mostrar, guiar, orientar, dirigir, entre outros.

Resumidamente, o aprendizado é a busca de informações, a revisão de conceitos e experiências adquiridas, adaptação a mudanças e disrupção de conceitos anteriores. Em alguns momentos, a relação é de aprendizes e, em outros, de professores. Assim, ensinar e aprender proporcionam desenvolvimento.

Com a tecnologia, muitos recursos foram viabilizados na sala de aula. O conteúdo precisa ser significativo para o aprendiz. É necessário mostrar para ele em que momento usará o conhecimento obtido em sala de aula. Assim, alguns cursos possibilitam essa junção. É necessário unir a academia ao corporativo.

No caso do curso de Secretariado, de acordo com a grade curricular, observa-se uma conexão entre os conteúdos abordados e a utilização dentro das empresas. Nesse contexto, observa-se que o aluno é o protagonista do seu aprendizado.

Fundamentos comuns de aprendizagem

- Relacionar a aprendizagem com o universo de conhecimentos, experiências e vivências;
- formular questões e problemáticas que permitam ao estudante entender e aprofundar conhecimentos;
- cooperar na transferência do aprendizado em qualquer situação;
- dar *feedback* em todas as etapas do processo;
- contribuir no relacionamento entre docente e estudante para que haja mais interesse;
- promover empatia auxilia no contato com os alunos.

Tempo do professor

De acordo com Masetto (2010), a aula é o tempo e o espaço que o professor pode usar da maneira que considerar conveniente. Percebe-se que esse momento é preciso porque é quando as necessidades, as expectativas e os interesses são revelados.

Atualmente, o indivíduo traz novas e diferenciadas experiências em sua história de vida e, com isso, o professor passa a ser um facilitador, mediador da aprendizagem e não um "conteudista". Esse profissional deve estar preparado para essa nova proposta, em que os saberes e as competências refletirão no potencial do estudante (WITTACZIK, 2007).

Na aula, o estudante aprende, troca experiências, participa das atividades, interage com o docente e com os colegas. A metodologia pode contribuir muito na relação ensino e aprendizagem.

Os estudantes aprendem de várias formas:

- aulas interativas;
- estudos de caso;
- exemplos práticos;
- debates e discussões sobre um tema;
- palestras e aulas especiais com convidados;
- visita técnica.

É necessário que o professor planeje com qualidade. Ele deve pensar no perfil da turma e nos estudantes. Mesmo que ministre uma disciplina há muitos anos, é fundamental a preparação com conteúdo e atividades atualizados.

No início da pandemia da covid-19, alguns professores tiveram dificuldades por não estarem familiarizados com as ferramentas específicas apresentadas naquele momento.

Pode-se afirmar que, a partir de março de 2020, o mundo mudou e os cenários tornaram-se diferentes. Mas como professor é adaptável, enxergou algumas oportunidades. O processo foi difícil para todos, porque interagir com os alunos sem que eles abram as câmeras ou falem ao microfone é um grande desafio para qualquer docente.

Mas como tudo na vida é aprendizagem e exercício, atualmente, os professores fazem atividades diferenciadas, lúdicas e mantêm o conteúdo de acordo com plano de ensino.

As aulas podem ser presenciais, remotas e híbridas e devem ser levadas com seriedade pelo docente. Ressalta-se que os cuidados com o material, pesquisas e ferramentas utilizadas em aula devem ser preservados.

O aluno precisa entender que poderá ter êxito no mercado de trabalho se assimilar o conteúdo, interagir nas aulas e se preparar para o mercado de trabalho.

Educar por competências

A definição do termo Educação por Competências pode ser entendida como processo de desenvolvimento de um indivíduo, fazendo com que ele aprecie e resolva um determinado assunto. Já Perrenoud (1999) define competência como a capacidade de mobilizar diversos recursos cognitivos para solucionar qualquer tipo de situação.

O termo começou a ser debatido pela comunidade acadêmica na década de 1980, mas foi a partir da década de 1990 que passou a ser incorporado aos processos de reforma política protagonizados por autoridades nacionais em diversos países do mundo (BORGES, 2010).

Nos anos 1990, na Suíça, a questão começa ser debatida no âmbito educacional e vários questionamentos vieram à tona. Será que o desenvolvimento de competências pode prejudicar o andamento dos saberes? Será que a utilização das competências pode limitar a assimilação dos saberes? Enfim, várias indagações foram feitas (PERRENOUD, 1999). Nas últimas décadas, surgiram algumas propostas educacionais e reformas inovadoras a fim de atenderem às exigências de uma sociedade (WITTACZIK, 2007).

De acordo com o parecer 16/99 do CNE, para que um indivíduo tenha competência profissional, é necessário que domine o seu trabalho de forma ampla, que tenha disposição para mudanças e com isso contribua para o seu autodesenvolvimento.

Educar por competências significa adquirir e desenvolver condições e recursos para solucionar situações complexas e, em decorrência disso, faz-se necessário mudanças no conceito do que é ensinar.

Observa-se que o professor continua sendo um elemento fundamental no processo de aprendizagem, estimulando o estudante a "aprender a aprender". Percebe-se que competências e habilidades têm uma função educacional muito importante.

As competências referem-se às exigências do mercado global, contribuem para a reestruturação dos sistemas educacionais e a superação do ensino baseado em conteúdos arcaicos e pouco funcionais (SACRISTÁN, 2011).

O desenvolvimento de competências está aliado ao conhecimento e ao domínio do conteúdo a ser trabalhado, atendendo aos objetivos propostos. Nesse sentido, as práticas pedagógicas devem ser repensadas e, assim, os estudantes terão participação ativa no processo de aprendizagem e no desenvolvimento de suas competências (WITTACZIK, 2007).

Por fim, a pedagogia das competências é um processo que tem como objetivo desenvolver no estudante a capacidade de utilizar os conhecimentos adquiridos em diversos cenários, construindo o próprio repertório (CHING, SILVA e TRENTIN, 2014).

Mediação com excelência

A mediação em sala de aula exige competências técnicas e humanas. Esse papel pode ser traduzido pelo facilitador de ensino-aprendizagem. O relacionamento entre docente e estudantes contribui para que essa atividade de mediar tenha êxito.

No passado, o professor tinha papel de levar conteúdo; isso mudou muito nas últimas décadas. Hoje, ele detém conhecimento, media processos e obtém resultados satisfatórios na condução da teoria e prática.

A mediação deve ser eficiente e eficaz, direcionando e mostrando caminhos, fortalecendo a relação aluno-professor. É válido ressaltar que, no início de cada aula, o docente deve abordar o objetivo, as técnicas e ferramentas que serão trabalhadas durante o tema.

A profissão de secretariado é diferenciada e o curso também apresenta riqueza de conteúdos, materiais e referências. O aluno desse curso pode estagiar de imediato e construir uma carreira de sucesso.

O conteúdo deve seguir as orientações da instituição de ensino. Observa-se que é importante estar em contato com novas referências, autores contemporâneos e conteúdo que aborde temas relevantes para a profissão, além de participar de eventos da área.

Relação professor e aluno – empatia

Empatia é se colocar no lugar do outro. Compreender e sentir as emoções em que o outro está envolvido.

Como construir uma relação empática com os alunos?

- Conhecer melhor os alunos;
- usar a escuta ativa;
- chamar o aluno pelo nome;
- ter uma palavra de carinho, sempre que possível;
- não ser professor somente em sala de aula;
- mostrar ao aluno a sua missão como docente, por meio de atitudes adequadas;
- ajudar com orientações na busca de oportunidade no mercado de trabalho.

A docência é mais que lecionar. É ter uma missão em contribuir com a transformação do mundo.

O caminho para docência na área de secretariado

Para lecionar, é necessário desenvolver algumas competências, como: comunicação, flexibilidade, empatia, trabalho em equipe, inteligência emocional, gestão do tempo, gestão de pessoas, gestão da informação e adaptabilidade, entre outras.

Mestrado

As instituições exigem essa titulação para se dar aulas em universidades. Já para o curso técnico, somente são exigidas a graduação e especialização. Cursos de didática do ensino superior também são importantes. Existe também a possibilidade de se fazer treinamentos pontuais sobre o assunto. Contudo, o mais importante é ter a docência como missão. Ter paixão pela área em que se trabalhará.

Cursos, *lives* e palestras

Como começar?

É importante sentir que se possui capacitação para as atividades de facilitação de cursos, palestras e *lives*. Conhecer o conteúdo e estudar formas de abordagens é o primeiro passo, mas é necessário estudo e atualização contínua dos temas que deseja se especializar.

Além do conteúdo, deve-se ter presença de palco, ter excelência na apresentação. As aulas de oratória contribuem com a comunicação nas apresentações. Saber preparar *slides* qualitativos também é um diferencial, no entanto será imprescindível conhecer o perfil do público.

A voz também é algo a ser trabalhado: cuidado com o tom alto ou falar muito baixo. Nos primeiros cinco minutos, deverá encantar a plateia, visto que os participantes farão uma avaliação da sua apresentação.

É significativo manter a atenção nas pessoas. Circular, de forma comedida, no palco e no auditório. Enfim, aproximar-se das pessoas. Existem recursos que podem ser utilizados: música, dança, vídeos e outros. Tudo dependerá dos participantes.

Ministrar uma palestra e facilitar cursos exige segurança. Se a pessoa domina o conteúdo, ela poderá se apresentar para qualquer público.

Experiência da autora na graduação e no curso técnico

Em 1995, adentrou pela primeira vez em uma sala de aula como docente.

Começou a carreira no Curso Técnico de Secretariado em uma escola privada, no bairro da Lapa, em São Paulo/SP. Dando continuidade a esse trabalho, foi convidada pelo Senac e lecionou em algumas unidades.

Já em 2000, foi indicada para palestrar na Fecap (Fundação Escola do Comércio Álvares Penteado). Em 2001, foi contratada para ser professora da primeira turma do Curso de Secretariado Trilíngue. Por 13 anos, permaneceu na Instituição de Ensino, mas em 2014, foi em busca de novos desafios.

Ficou afastada da graduação por quatro anos. Em 2018, voltou a convite da FMU (Faculdades Metropolitanas Unidas). A docência faz parte da essência da autora. Ela se reconhece como professora e sente-se honrada com esse título.

O secretariado a levou à docência e, por esse motivo, cultiva muito orgulho e respeito pelas duas profissões.

Conclusão

O Brasil precisa de docentes acima da média para contribuir na transformação de vidas e na construção de uma sociedade mais justa.

Ouse, siga em frente, busque recursos e venha para docência!

Referências

BORGES, C. J. P. *O debate internacional sobre competências: explorando novas possibilidades educativas*.139 f. Dissertação (Mestrado em Educação) – Universidade de São Paulo – USP, São Paulo, 2010.

CHING, H. Y.; SILVA, E. C.; TRENTIN, P. H. Formação por competência: experiência na estruturação do projeto pedagógico de um curso de administração. *RAEP – Administração: ensino e pesquisa*, São Paulo, SP, v.15, n. 4, 2014.

MASETTO, M. T. *O professor na hora da verdade: a prática docente no ensino superior*. São Paulo: Avercamp, 2010.

PERRENOUD, P. Construir competências é virar as costas aos saberes? *Revista Pedagógica*. Porto Alegre, 1999.

SACRISTÁN, J, G. *Educar por competências: o que há de novo*. São Paulo: Artmed, 2011.

WITTACZIK, L. S. Ensino por competências: possibilidades e limitações. *Atos de Pesquisa em Educação – PPGE/ME FURB*, Blumenau, 2007.

3

GOVERNANÇA CORPORATIVA

A governança corporativa assegura que as estratégias e os processos da organização estejam sendo seguidos corretamente. Fortalece o propósito, os princípios e os valores da empresa.

ELÍDIA RIBEIRO

Elídia Ribeiro

Contatos
elidiar1512@gmail.com
LinkedIn: Elidia Ribeiro
Instagram: @elidia_ribeiro

Pós-graduada em Docência para o ensino superior, pelo Senac, e MBA em Gestão de Eventos pela Universidade Anhembi Morumbi. Especialista em Gestão Empresarial para Secretárias pela Universidade Metodista de São Paulo. Graduação em Secretariado Executivo Trilíngue pela Universidade São Judas Tadeu. Possui 24 anos de experiência como secretária executiva em empresa de grande porte, assessorando os acionistas, o conselho administrativo e o *family office*. É palestrante e coautora dos livros *O futuro do secretariado: educação e profissionalismo*, *Meu cliente subiu no telhado, e agora?* e *As incríveis*, lançados em 2019, 2021 e 2022, respectivamente.

Para ter um negócio de sucesso, alguém, algum dia, teve que tomar uma atitude de coragem.
PETER DRUCKER

A governança corporativa tem sido incorporada a muitas instituições ao longo dos últimos anos. Trata-se de um tema de grande abrangência e importância, porém serão abordados apenas alguns aspectos mais específicos, dada a sua complexidade.

As informações aqui apresentadas baseiam-se no Código de Boas Práticas do Instituto Brasileiro de Governança Corporativa – IBGC.

O que é Governança Corporativa?

Governança Corporativa é o sistema pelo qual as empresas e demais organizações são dirigidas, monitoradas e incentivadas, envolvendo os relacionamentos entre sócios, conselho de administração, diretoria, órgãos de fiscalização e controle e as demais partes interessadas.

As boas práticas de governança corporativa convertem princípios básicos em recomendações objetivas, alinhando interesses com a finalidade de se preservar e otimizar o valor econômico de longo prazo da organização, facilitando seu acesso a recursos e contribuindo para a qualidade da gestão da organização, sua longevidade e o bem comum (IBGC – Instituto Brasileiro de Governança Corporativa).

De acordo com o Código de Boas Práticas, são princípios básicos da Governança Corporativa:

- **Transparência**

Consiste no desejo de disponibilizar para as partes interessadas as informações que sejam de seu interesse e não apenas aquelas impostas por disposições de leis ou regulamentos. Não deve restringir-se ao desempenho econômico-financeiro, contemplando também os demais fatores (inclusive intangíveis) que norteiam a ação gerencial e que conduzem à preservação e à otimização do valor da organização.

- **Equidade**

Caracteriza-se pelo tratamento justo e isonômico de todos os sócios e demais partes interessadas (*stakeholders*), levando em consideração seus direitos, deveres, necessidades, interesses e expectativas. Não são aceitas atitudes ou políticas discriminatórias.

- **Prestação de Contas (*accountability*)**

Os agentes de governança devem prestar contas de sua atuação de modo claro, conciso, compreensível e tempestivo, assumindo integralmente as consequências de seus atos e omissões, e atuando com diligência e responsabilidade no âmbito dos seus papéis. Orçamento, investimentos, custos e gestão do fluxo de caixa.

- **Responsabilidade Corporativa**

Os agentes de governança devem zelar pela viabilidade econômico-financeira das organizações, reduzir as externalidades negativas de seus negócios e suas operações e aumentar as positivas, levando em consideração, no seu modelo de negócios, os diversos capitais (financeiro, manufaturado, intelectual, humano, social, ambiental, reputacional etc.) em curto, médio e longo prazos.

Mecanismos de Governança Corporativa

- Conselho de administração e conselho fiscal;
- comitê de auditoria, comitê de pessoas, remuneração e elegibilidade, e outros;
- auditoria externa e interna;
- planejamento estratégico, sistema de metas e monitoramento;
- diretrizes, políticas de gestão de risco, comunicação, crise, alçadas, conflito de interesses, transações com partes relacionadas, dividendos etc.;
- sistema de remuneração e avaliação de desempenho;
- relatório anual e demonstrações contábeis;
- mecanismos de *enforcement* (execução);
- acordo de resultados.

Funções da Governança Corporativa

- Definir o direcionamento estratégico;
- supervisionar a gestão;
- envolver as partes interessadas;
- gerenciar risco estratégicos;
- gerenciar conflitos internos;
- auditar e avaliar o sistema de gestão e controle;
- promover a *accountability* (prestação de contas e responsabilidade) e a transparência.

Conselho de administração

O conselho de administração é o responsável pelo direcionamento estratégico da empresa. Precisa fazer cumprir os valores, o objeto social e o sistema de governança da organização. Compete ao conselho monitorar a diretoria, atuando como elo entre ela e os sócios. É responsabilidade do conselho selecionar o diretor-presidente e aprovar a nomeação dos demais membros da diretoria.

O conselho deve ser composto, preferencialmente, por número ímpar de participantes, entre cinco e onze conselheiros, contratados por uma consultoria externa. Esse número pode variar de acordo com o setor de atuação, porte, complexidade das atividades, estágio do ciclo de vida da organização e necessidade de criação de comitês.

Os membros do conselho de administração são eleitos pelos sócios e prestam contas às assembleias e por meio de relatórios periódicos.

São três as classes de conselheiros: interna, externa e independente. É mais comum que as organizações optem por conselheiros independentes por facilitar a separação entre o universo executivo e o universo operacional de uma empresa.

Os conselheiros não devem atuar como consultores ou assessores remunerados da organização. Isto é, o papel do conselheiro está mais ligado em fazer com que o corpo diretivo da companhia não perca o foco da estratégia do que atuar na execução e operação do dia a dia.

O presidente do conselho tem a responsabilidade de buscar a eficácia e o bom desempenho do órgão e de cada um de seus membros. A coordenação do presidente, aliada à diversificação na composição do conselho, ao treinamento contínuo e à avaliação, são ferramentas que podem contribuir para uma dinâmica agregadora no conselho de administração.

Planejamento da sucessão

A elaboração de plano de sucessão tem por objetivo assegurar que, na eventual substituição de executivos, a gestão disponha de profissionais para contratação e/ou promoção, cuja experiência profissional e competências contribuam para a continuidade do bom desempenho da organização. O planejamento da sucessão é fundamental para mitigar riscos, garantir a continuidade da gestão e preservar o valor da organização.

O conselho de administração deve, periodicamente, reavaliar o perfil dos principais cargos de liderança, levando em conta os desafios indicados no seu planejamento estratégico. Ele poderá contar com o auxílio do comitê de pessoas, caso exista. Deve manter atualizado um plano de sucessão do diretor-presidente. A liderança do planejamento de sucessão é de responsabilidade do presidente do conselho, que deve, ainda, assegurar-se de que o diretor-presidente possua um plano de sucessão atualizado para todas as pessoas-chave da organização. O diretor-presidente deve aproximar o conselho de administração dos executivos da organização, para que sejam avaliados os possíveis candidatos à sua sucessão.

Comitês do conselho de administração

Os comitês são órgãos, estatutários ou não, de assessoramento ao conselho de administração. Sua existência não implica a delegação das responsabilidades que competem ao conselho de administração como um todo. Os comitês não têm poder de deliberação, e suas recomendações não vinculam as deliberações do conselho de administração. Comitês específicos podem exercer diversas atividades de competência do conselho que demandem um tempo nem sempre disponível nas reuniões desse órgão social. Os comitês estudam os assuntos de sua competência e preparam propostas para o conselho. Dentre os comitês que podem ser criados, destacam-se:

- auditoria;
- finanças;
- pessoas;
- riscos;
- sustentabilidade.

Para assuntos pontuais de apoio ao conselho de administração, podem ser criados grupos de trabalho ou comissões, e não necessariamente comitês.

O número e a natureza dos comitês dependerão do porte da empresa e é importante que os conselheiros tenham as competências e habilidades adequadas ao objeto do comitê. Os membros dos comitês devem ter conhecimento, experiência e independência de atuação sobre o tema. O material preparado pelo comitê para avaliação do conselho deve ser enviado com antecedência.

Cada comitê deve ter um coordenador e deve, de preferência, ser formado apenas por conselheiros. Caso não seja possível, deve ser composto de forma que um conselheiro seja o coordenador. Deve ser composto de, no mínimo, três membros, todos com conhecimentos sobre o tópico em questão, e deve contar com, ao menos, um especialista em seus respectivos temas. Os comitês não devem ter, na sua composição, executivos da organização. A participação deles nas reuniões deve ocorrer a convite dos membros do comitê para prestar esclarecimentos sobre determinado tema.

O conselho de administração deve preparar uma descrição formal das qualificações dos comitês. A organização deve divulgar a lista com os integrantes de cada comitê e sua qualificação. Cada comitê deve adotar um regimento interno próprio que estabeleça sua estrutura, composição, atividades, responsabilidades e escopo de atuação. O regimento interno dos comitês deve ser aprovado pelo conselho de administração. O mandato dos membros dos comitês deve seguir o mandato dos membros do conselho de administração. O estatuto ou o regimento interno podem prever um número máximo de comitês de que o conselheiro participe.

O escopo e a necessidade da existência de cada comitê devem ser reavaliados periodicamente, de forma a assegurar que todos tenham papel efetivo.

Secretaria de governança

Para aprimorar o funcionamento do sistema de governança, o conselho de administração pode contar com uma secretaria de governança para apoiá-lo no exercício de suas atividades. A função de secretaria de governança deve ser exercida por órgão ou profissional com reporte direto ao conselho. Caso seja acumulada por algum diretor, ele deve reportar-se ao diretor-presidente, em relação aos assuntos da gestão, e ao presidente do conselho, em relação aos assuntos da secretaria. Incluem-se entre as atribuições da secretaria de governança:

1. Apoiar os processos de governança da organização e manter os membros do conselho de administração, do conselho fiscal e dos comitês atualizados em relação às melhores práticas, bem como propor o seu constante aprimoramento.

2. Apoiar os membros do conselho de administração, do conselho fiscal e dos comitês no desempenho de suas funções, assisti-los em sua integração na organização e nas atividades de educação.
3. Auxiliar o presidente do conselho de administração na definição dos temas relevantes a serem incluídos na agenda das reuniões e na convocação da assembleia geral.
4. Encaminhar a agenda e o material de apoio às reuniões do conselho e interagir com os membros da diretoria, a fim de assegurar a qualidade e a tempestividade das informações.
5. Elaborar, lavrar em livro próprio, registrar e publicar nos órgãos competentes as atas de reunião do conselho e da assembleia geral, na forma da legislação aplicável.
6. Administrar o portal de governança da organização (se existente) e zelar por sua atualização, pela segurança e pelo fluxo das informações, além de assegurar a equidade e o acesso permanente de seus usuários.

As solicitações de inclusão ou exclusão de itens na agenda ou a convocação de reuniões do conselho, por parte dos conselheiros ou do diretor-presidente, devem ser encaminhadas, por escrito, à secretaria de governança. Ela deve submeter as propostas recebidas ao presidente do conselho e informar aos conselheiros ou ao diretor-presidente, conforme o caso, a sua decisão.

Vale ressaltar que a secretaria de governança não é obrigatoriamente exercida por um profissional de secretariado executivo.

O profissional de secretariado e a governança corporativa

De que forma o profissional de secretariado pode atuar na governança corporativa?

Como é uma profissão multitarefas, ele consegue atuar em qualquer área da organização. Além disso, na maioria das vezes, serve de elo entre o executivo e as demais áreas da empresa. Ocupa uma posição estratégia na qual pode interagir e ter acesso aos documentos e assuntos de maior importância da organização.

Em muitos casos, é o profissional que está ligado diretamente ao conselho administrativo ou aos acionistas. Dessa forma, participa de forma ativa ou dos bastidores da governança corporativa.

O desenvolvimento das atividades do profissional de secretariado está ligado aos princípios básicos da governança corporativa. Ele atua com transparência quando disponibiliza às partes interessadas as informações que sejam de seu interesse. Atua com equidade quando não faz uso de discriminação, levando em consideração os direitos, os deveres e os expectativas dos sócios e demais partes interessadas.

É fundamental aprofundar o seu conhecimento sobre a organização dos rituais da governança corporativa e o funcionamento dos conselhos. Dessa forma, conseguirá dar maior apoio tanto ao executivo, que terá que interagir com o conselho, quanto ao conselho, ao interagir com os executivos da empresa. O profissional de secretariado deve ser um facilitador.

O profissional de secretariado precisa ter conhecimento da Visão, Missão e Valores, bem como da cultura organizacional da empresa em que atua. Precisa estar de acordo com esses valores e acreditar no seu propósito. Não basta receber as demandas e executá-las, é preciso antecipar-se às necessidades porque entende o processo como um todo.

Destacar-se no exercício da profissão inclui entender o funcionamento da empresa, o seu ramo de atividade, todos os processos internos e como chegar ao produto final. Quando há esta compreensão, o profissional de secretariado saberá atuar de forma a facilitar a rotina do seu executivo, do conselho e tudo que envolve a governança corporativa da companhia.

Suba o primeiro degrau com fé.
Não é necessário que você veja toda a escada.
Apenas dê o primeiro passo.
MARTIN LUTHER KING

Referência

INSTITUTO BRASILEIRO DE GOVERNANÇA CORPORATIVA (IBGC). *Código das melhores práticas de governança corporativa.* ed. 5, 2015. Disponível em: <https://conhecimento.ibgc.org.br/Paginas/default.aspx>. Acesso em: 12 dez. de 2022.

4

QUANDO A MENTORIA É O SEU PROPÓSITO

Para mentorear alguém, você precisa estar um passo à frente da outra pessoa. Neste capítulo, você obterá informações para fazer mentorias e também descobrirá se a mentoria é o seu propósito. É apresentado de forma prática como a mentoria pode ajudar a transformar vidas.

CLÁUDIA AVELINO

Cláudia Avelino

Contatos
claudiavelino.contato@gmail.com
LinkedIn: Claudia Avelino
Instagram: claudiaveoficial

Pós-graduada em Administração e Organização de Eventos (SENAC), graduada em Secretariado Executivo Bilíngue (Universidade Anhembi Morumbi). Participou do CPDAS – Curso Preparatório de Docência na Área de Secretariado. Atuou, durante 28 anos, como secretária executiva no ramo editorial. Coautora do livro *O futuro do secretariado: educação e profissionalismo*, com o capítulo "O profissional de secretariado atuando na docência", publicado em 2019. Também foi coordenadora editorial e coautora do livro *Meu cliente subiu no telhado... E agora? Estratégias de atendimento ao cliente em diferentes segmentos*, com o capítulo "Atendimento encantador: evento redondo", publicado em 2021; ambos pela Editora Literare Books International. Secretária executiva remota, organizadora de eventos, palestrante, docente, consultora e mentora sistêmica para transição de carreiras.

> *Você precisa saber o que acende sua própria faísca,*
> *para poder iluminar o mundo.*
> OPRAH WINFREY

O que é o propósito?

A frase de Oprah Winfrey apresenta a definição do que é ter propósito na vida, a intenção de se alcançar uma existência plena ajudando alguém. Para definir o seu propósito, você deve se conhecer para entender o que faz de melhor, quais as suas habilidades e o que consegue enxergar como uma forma de viver a vida com muito prazer e alegria.

Existe uma analogia entre o encontro de nosso propósito e uma estrada que a pessoa escolhe percorrer: qual será o destino e o que a moverá para chegar a sua meta? Não descobrimos o propósito de pronto. Quando o propósito é encontrado, você se sente mais realizado em vivê-lo.

Você conhece o seu propósito?

Responda ao questionário a seguir sobre o seu propósito. As perguntas do i9 Academia (2019) foram elaboradas por Adam Leipzig, o qual apresentou uma fórmula simples, resumida em cinco perguntas para encontrar o seu propósito – sua missão, sua essência de vida.

1. Quem você é?
2. O que você faz?
3. Para quem você faz?
4. O que as pessoas querem ou precisam?
5. Quais são os resultados? Como essas pessoas mudam?

Propósito (impactar pessoas) = felicidade no pessoal e profissional + objetivo

Quem é o mentor?

O mentor aplica o seu conhecimento para auxiliar outras pessoas a evoluírem numa competência que já tenham desenvolvido, e alcançar resultados que elas ainda não conseguiram por conta própria. O mentor seguiu um caminho parecido com o que o mentoreado quer trilhar.

A mentoria

Mentoria é uma relação na qual uma pessoa mais experiente, ou com mais conhecimento, guia outra pessoa menos experiente, ou com menos conhecimento. Em um contexto profissional ou empresarial, o mentor já atingiu os objetivos de carreira do mentoreado, e agora o guia com conselhos em direção àqueles objetivos.

Com a mentoria, você se coloca a serviço do outro

Smaniotto (2021) define que *Mentoring* é o processo de se apoiar uma pessoa na identificação e criação de estados desejados, desenvolvendo e acessando seus recursos internos e os direcionando para a criação de uma organização.

Mentores são profissionais com experiência em uma área específica que auxiliam profissionais menos experientes. O principal motivo de se mentorear pessoas para que atuem alcançando novas carreiras com melhores e novas oportunidades é fazer com que a pessoa se sinta realizada, tenha reconhecimento, seja pela boa remuneração, seja por uma carreira ascendente tanto no corporativo como também na busca de empreender.

Para a sua mudança de carreira, é necessária a aplicação de ferramentas para que se verifiquem os impactos para essa mudança. É muito importante identificar as ações necessárias e minimizar os impactos.

Conforme o BMIND (2020), o mentor pode economizar a caminhada do mentoreado por meio de técnicas, ferramentas que o ajudam a entender o objetivo para aquela fase da vida, auxiliando-o no sentido de direcioná-lo com a sua experiência e habilidade para que obtenha a transformação na sua vida.

Área específica

Para ter êxito como mentor, o ideal é que se atenda a uma área específica:

- transição (mudança de emprego, mudança de posição ou função);
- crise (falta de foco e motivação, perda de performance);

- planejamento (novos negócios, aposentadoria, sucessão, promoção);
- desenvolvimento (novas habilidades e competências);
- projeção.

Mesmo tendo o seu nicho devidamente definido, há a possibilidade de orientar pessoas com mais experiência e até de outro nicho, desde que o apoio seja dentro da sua especialidade.

Como ser um mentor

Mesmo já atuando há um bom tempo na profissão, para o ingresso na mentoria, é preciso voltar ao lugar de aluno com a intenção de aprender novas ferramentas para o desenvolvimento do mentoreado, antes de atuar.

Comece como aluno, do zero, nessa parte de orientação, de desenvolvimento de escuta, captação de informações e passagem da sua experiência. Seu principal tesouro é a sua história, como chegou aonde está. Com a sua experiência, você contribuirá, e muito, para a jornada do outro.

Principais características de um mentor

Resiliência – Inteligência emocional – Autoconhecimento – Relacionamento interpessoal – Comunicação eficaz e assertiva – *Expertise* e proficiência – Empatia e congruência.

É recomendado que o mentor esteja um degrau acima (profissionalmente) do mentoreado.

O que precisa para começar?

Identificar qual é o objetivo de seu mentoreado, desenvolver um método progressivo de direcionamento e, pelo seu conhecimento, de sua *expertise* e de sua experiência na área; fazer a sua primeira sessão.

Comece do zero

Prepare-se estudando, existem livros de *mentoring,* cursos e treinamentos para o desenvolvimento da sua mentoria. Estude, estude e estude.

> **Benefícios de se trabalhar com um mentor:**
>
> - Metas claras para a carreira desejada, e uma visão aguçada de como chegar lá.
> - Uma postura mais firme ao lidar com outras pessoas.
> - Relações e negócios mais fortes.
> - Visão mais clara dos obstáculos a enfrentar, e das formas de superá-los.
> - Equilíbrio entre trabalho e a vida que mais lhe convier;
> - Fortalecimento da autoconfiança e autoestima.
> - Uma compreensão de como usar o seu tempo e recursos para a sua maior vantagem.
> - Melhoria das habilidades de comunicação e eficácia pessoal.
> - Apoio na tomada de decisão e na resolução de problemas.

Fonte: SMANIOTTO (2021, p.12), no *e-book Especialização em Mentoria de Carreira.*

Os dois juntos, mentor e mentoreado, podem criar um modelo de plano de carreira para o mentoreado e discutir quaisquer dificuldades que aparecerem no caminho.

Como definir a entrega e encantar seus mentoreados

Como mentor, não há a exigência de certificados ou formação acadêmica. Necessário é o interesse em ajudar as pessoas a resolverem seus problemas, principalmente compartilhar o seu conhecimento.

> **Quando o mentor é procurado, o seu mentoreado deseja:**
>
> - Velocidade (sair rapidamente da situação desconfortável).
> - Ter a mão estendida.
> - Método (para ter segurança em cada passo a seguir).

Fonte: SMANIOTTO (2021, 12), no *e-book Especialização em Mentoria de Carreira.*

Dê um nome para a sua mentoria. Não importa qual seja, mas tem que se diferenciar dos outros (não é o nome que será o fator decisório, o que fará diferença é a sua dedicação e empenho para impactar outras pessoas).

Ao compartilhar os passos e ao falar de sua visão sobre como funcionam as empresas que passam na nossa história, é importante que se entenda que não foram só vitórias e projetos de sucesso. Os erros nos fortalecem e muito.

> **5 razões que o mentor pode alavancar a carreira do mentoreado:**
> - Mentores treinam e preparam para qualquer mudança.
> - Mentores motivam e transformam a visão.
> - Mentores empurram para ir mais longe.
> - Mentores protegem dos erros.
> - Mentores compartilham lições de vida.

Fonte: Catho Carreira e Sucesso (2018).

Como fazer mentoria na prática?

Existem diversas maneiras de se prestar serviços como mentor. Mas a melhor delas é desenvolvendo a própria metodologia, o que significa elencar os processos e obstáculos do seu cliente em potencial e criar estratégias para superá-los.

Criando um método de trabalho, você terá de fazer vários testes (a chamada prova de conceito), repetindo o que der certo e eliminando o que não for efetivo. Além disso, é importante ressaltar que o processo de mentoria é essencialmente prático. A teoria pode até ser usada como base, no entanto, para ser eficiente, é preciso ter ações concretas.

A mentoria pode ser presencial e on-line

Muitas pessoas têm curiosidade sobre como fazer mentoria on-line. Graças ao avanço tecnológico, atualmente o mais utilizado é no on-line. Existem diversas plataformas para fazer a videochamada.

Para ter registro da sessão, pode ser feita a gravação em uma das plataformas de reuniões. Assim, dá para disponibilizar os vídeos após o término das sessões, para que o cliente possa checá-las depois, deixando o mentoreado mais seguro por rever todas as dicas e as trocas de ideias.

Com o modelo de mentoria on-line, a única preocupação é ter uma boa conexão de internet, evitando surpresas desagradáveis, como interrupções de sinal ou chamadas ruins.

Mentor não é "guru"

O mentor não é o detentor de todas as respostas nem de todas as soluções. Fator fundamental é que o mentor já tenha experiência na área e esteja passos à frente de seu mentoreado. Ter mais anos de atuação na área já traz mais repertório. A expectativa do cliente é que o mentor consiga ajudá-lo a atingir um objetivo que ele ainda não conseguiu sozinho.

Basta você ajudar seus mentoreados a evoluírem para o próximo passo na jornada deles. Para a mentoria ter sucesso e jornada vitoriosa, o passo inicial é alinhar bem o objetivo. A mentoria pode se encerrar e o mentoreado ainda pode estar na trilha para alcançar o seu objetivo; às vezes, o resultado pode levar mais tempo, pois pode ter algum contratempo.

Uma vez feito o investimento em uma mentoria, é comum que os mentoreados esperem retorno imediato. Contudo, na maioria das vezes, não é assim que acontece. Não adianta pagar academia e não fazer os exercícios, porque os músculos não vão aparecer, certo? Em um processo de mentoria, é a mesma coisa. Garantir bons resultados para seus mentoreados depende de um acompanhamento muito próximo, pois é fundamental que ambos os lados cumpram as obrigações.

Conforme BMIND (2020), nada disso funcionará se estiver preso em pensamentos limitantes e se não for resiliente. O processo de validação vai exigir ajustes com ciclos de *feedback* e correções. O grande problema é a expectativa de resultados e saber lidar com o próprio mentoreado nesse processo, dando tempo ao tempo.

A frase a seguir de Watson (2022) ilustra sobre o valor que podemos deixar ao mundo: "Confie no processo, deixe o seu presente para este mundo ser a sua vida. Respeite os momentos lentos de sua jornada – eles são tão valiosos quanto os rápidos. E nunca se esqueça: seu maior valor é oferecer o que é eterno".

Agradeço a todos os mentores que foram os grandes responsáveis pelo meu desenvolvimento, também agradeço aos mentores que estão por vir.

Aos meus mentoreados, agradeço de coração por esta maravilhosa via de mão dupla.

Referências

BMIND. MENTORIA DE SUCESSO. *O que faz um negócio de mentoria dar certo?* 2020. E-book. Disponível: <https://bmind.com.br/materiais/hm-002/>. Acesso em: set. 2022.

GERMANO, T. *O que é mentoria online: um guia para iniciantes.* Disponível em: <https://bmind.com.br/o-que-e-mentoria-online/>. Acesso em: 30 set. de 2022.

LOPES, A. CATHO. Disponível em:<https://www.catho.com.br/carreira-sucesso/colunistas/allan-lopes/5-razoes-pelas-quais-voce-precisa-de-um-mentor/?gclid=CjwKCAiAr4GgBhBFEiwAgwORrYZfoEXh1tYkK4G5hNzgQ-nuGJbLQxxSNsToidr8yA3Kh3vYssLGmkhoCEAIQAvD_BwE>. Acesso em: 20 set. de 2018.

MILLER, N. *i 9 Academia: O que você faz? 5 passos para definir seu propósito de vida.* Disponível em: <https://www.i9academia.com/post/o-que-voc%-C3%AA-faz-5-passos-para-definir-seu-prop%C3%B3sito-de-vida>. Acesso em: 16 dez. de 2022.

SMANIOTTO, A. *Especialização em mentoria de carreira.* E-book. Disponível em: <https://institutomentorcoach.com.br/pt_BR/>. Acesso em: 16 set. de 2021.

WATSON, D. Como encontrar sua força para a existência plena. In: JOTA, J. *Pessoas precisam de pessoas: estratégias para o novo mundo.* São Paulo: Gente, 2022.

5

A COMUNICAÇÃO E SUAS NUANCES

O modo de nos expressarmos pode ser ímpar, fazer toda a diferença. Pode trazer uma identidade. São muitas as formas de viabilizarmos esse poder para todos os âmbitos. Quando a comunicação é feita com brilhantismo e personalidade, isso reverbera e traz autoridade na conexão. É onde entra também a chamada "construção de valor". Vamos trabalhar nisso? A boa notícia é que só depende de nós.

DEISE MENDES

Deise Mendes

Contatos
deise.chaves.mendes@gmail.com
LinkedIn: Deise Mendes

MBA em Administração de Empresas/*Business* pela FGV. Secretária executiva com mais de 15 anos de experiência. Graduada em Secretariado Executivo Trilíngue pela FECAP. Docente em Técnicas Secretariais e Recursos Humanos pelo Colégio Fênix. Aos 15 anos, iniciou seus estudos de secretariado na Escola Técnica Walter Belian, pertencente à AMBEV. Aos 16 anos, iniciou sua carreira estagiando no Instituto de Previdência do Estado de São Paulo, bem como na Fundação SEADE. Trabalhou como secretária da diretoria na Adams & Porter Corretora de Seguros. Após oito anos, em paralelo, surgiu a oportunidade na área comercial – seguros corporates. Passou a representar o Grupo Interbrok e atuar na célula de Relacionamento Corporativo. Estudou todos os ramos de seguros e se formou corretora de seguros pela FUNENSEG. Em fevereiro de 2010, cursou inglês no *Illinois Institute of Technology*, em Chicago. Trabalhou na Marsh & McLennan na área comercial – relacionamento corporativo, gerenciamento de contas, programas mundiais e negociações. Atualmente, é secretária executiva do ex-presidente Fernando Henrique Cardoso, dando suporte ao corpo diretivo e áreas correlatas da Fundação FHC. Atuou, por três anos consecutivos, na organização de eventos do ITTS que, em 2018, levou à ONU, em Nova Iorque, a experiência que salvou vidas no trânsito do Brasil, também colaborou com o Four Summit 2019, evento de três dias que discutiu contribuições para a transformação do país.

> *Se você falar com um homem numa linguagem que ele compreende, isso entra na cabeça dele. Se você falar com ele em sua própria linguagem, você atinge seu coração.*
> NELSON MANDELA

A linguagem é inerente aos humanos, é o que nos diferencia, pela qual temos a oportunidade de sinalizar de forma especial, deixar a nossa marca e nos aproximarmos ou não, tocando no interlocutor.

Algo que se faz o tempo todo, ainda que involuntariamente, é a comunicação. Será que nos dias atuais é fácil transmitir a mensagem desejada adequadamente? Não é tão elementar assim. À medida que você aprende a se comunicar melhor, o seu valor no mercado aumenta.

Perceba o seguinte: na era da agricultura, mandava no mundo quem tinha terras. Na era industrial, passou a mandar no mundo quem tinha capital. Como já vem citando há alguns anos dr. Lair Ribeiro, hoje a moeda mudou e muitas pessoas ainda não notaram. A moeda hoje se chama informação. E ela é altamente perecível. Ninguém está interessado em notícia de ontem. E ela só terá valor quando ela passar de uma pessoa para outra. De um raciocínio a outro. De um cérebro a outro. E essa transferência é realizada pelo subterfúgio da comunicação.

É oportuna uma reflexão: você é rico ou pobre de informação? Cabe a cada um essa avaliação. Independente da sua resposta, a ampliação e o aprimoramento sempre serão possíveis. A boa notícia é que a informação está ao seu alcance (e de todos) e a comunicação é prática. O advogado que ganha o caso é bem-sucedido, em geral, porque ele se comunica melhor. Tem ou desenvolveu essa habilidade. O jornalista, o político, o investidor, o empresário idem.

Linguagem cria realidade

As pessoas que são bem-sucedidas usam uma linguagem que gera ação. Exemplo: eu encaminho a carta ao diretor...(ação de encaminhar). Não devo usar: eu gostaria de encaminhar a carta... (não teve ação ainda. O "gostaria" remete apenas à intenção e não à execução). A linguagem é inerente aos humanos e é o que nos diferencia, e onde temos a oportunidade de dar o nosso toque, deixar a nossa marca.

Os pilares básicos da comunicação

Na atualidade, os principais tipos de comunicação que seguem se destacando são: comunicação verbal e não verbal; comunicação escrita e visual. Desse modo, para assimilar com mais clareza essas comunicações, vamos conhecer as especificidades de cada uma.

A comunicação verbal é toda mensagem transmitida por modo de palavras, seja pela fala ou pela linguagem de sinais (Libras). No mundo corporativo ou educacional, é uma das comunicações mais usadas para trocar informações entre os setores.

Em se tratando da comunicação não verbal, ela se manifesta pela linguagem corporal com a utilização de gestos, expressões faciais e postura, como um sorriso ou o ato de dar de ombros. De toda forma, essas trocas de informações não verbais podem acontecer não só de maneira inconsciente, como também consciente.

Há também a comunicação escrita, que, como o nome já diz, acontece de forma escrita, e é antes de tudo uma forma de expressão interpessoal. Seja por meio de cartas, e-mails, *chats*, matérias, livros ou blogs, por exemplo. A comunicação escrita é fundamental no ambiente corporativo, pois permite o registro de informações em relatórios, regulamentos, comunicados, ofícios, entre outros.

Concluímos, então, com a comunicação visual. Essa é uma das maneiras de comunicar-se por meio de elementos visuais como imagens, infográficos, símbolos, arte etc., ideal para a comunicação da empresa com o público externo.

Em suma, todos os tipos de comunicação são importantes tanto na vida social quanto na vida profissional. Por isso, é bom conhecer cada um deles e aplicá-los.

O doutor em sociologia pela Universidade de Paris e professor de comunicação, Manuel Castells, reflete sobre o papel da informação e da comunicação como fontes fundamentais de poder e contra poder. Segundo ele, as instituições de todas as sociedades acabam se configurando em um movimento de poder e incapacidade, dominação e luta que nunca termina. A batalha fundamental de dominação acontece nas mentes. É onde realmente habita o poder.

Empecilhos da comunicação organizacional

O indivíduo, enquanto membro da sociedade, sempre há de se aprimorar, até mesmo por existir a necessidade de comunicabilidade. E fazê-la da melhor maneira é o objetivo, mas nem sempre ocorre na vida prática.

Alguns desses obstáculos podem vir das seguintes situações.

Times desestruturados

As equipes entrosadas, dispostas e especialmente bem preparadas são capazes de alcançarem os melhores resultados, ainda que tenham dificuldades, pois estão juntas e treinadas, estarão vestindo a camisa da empresa e vislumbrando os objetivos.

Líder/liderado

Observa-se que a liderança deve estar sempre atenta à necessidade de se manifestar, bem como aos formatos eficazes. Cada colaborador tem um perfil, tem algo que o motiva ou não. Fazer com que o seu time venha com você por admiração, por se sentir parte do todo, é o que difere o chefe do líder. E isso é sempre um desafio ou uma oportunidade, depende da óptica.

Ausência de investimentos

Um fator em constante análise em qualquer instituição é a questão orçamentária. É natural que haja esse olhar frequente para ela. E a escolha errada do direcionamento da verba poderá afetar fortemente áreas que mereciam atenção e urgência. O impacto dessa decisão poderá afetar diretamente a produtividade diante da falta de recursos e investimentos.

Tecnologia

A pandemia veio para destacar este quesito. A tecnologia felizmente está em constante evolução, chegou para ficar e cada vez mais estará presente no dia a dia de todos. Seja na rotina pessoal ou profissional, estaremos conectados a ela. Na carreira, nem se fala! Estamos "submissos" a este meio e, nos últimos anos, o que temos a fazer é buscar atualizações, de forma dedicada, para seguirmos úteis e funcionais.

Comunicação estratégica

Muitas vezes não há orientação pertinente sobre como realizar posicionamentos no mercado. Cada colaborador é um membro dessa máquina, o que reforça a importância de continuamente se ofertar treinamentos sobre a força e o formato de comunicação interna e externa. Isso fará toda a diferença. Desde o fato de compartilhar os mais diversos tipos de informação, como nas redes (por exemplo), ou ainda mensagens corporativas divulgando ou mencionando produtos ou serviços.

Alinhamento institucional

Há um relevante tripé a se acompanhar: Missão, Valores e Cultura. Quando a informação sobre esses temas não são precisas a todos os seus colaboradores, resulta em um desalinhamento corporativo. Todas as partes envolvidas, em especial o corpo diretivo, devem ocupar-se com a reciclagem desses itens e fazer chegar a todos que são notórios pilares.

Comunicação é construção

No mundo em que vivemos, todo o tempo estamos prestes a ter experiências (positivas ou não). Cada conversa iniciada abre-se para um potencial momento de discussão. E em cada parte pode se encontrar alguém a lutar incessantemente, a favor ou contra.

Cada vez mais se fala nas polarizações. O quanto você está disposto a ceder, a ouvir e buscar compreender o outro lado. Conversar requer um equilíbrio. Falar e também ouvir (buscando entendimento). E em algum momento, é possível, perder esse equilíbrio.

Muitas vezes não é possível escolher com quem você terá que conversar no dia de hoje. Talvez você tenha que falar com o seu diretor, com o seu eletricista, ou a atendente do plano de telefonia, ou o professor da sua filha, ou alguns clientes visitando o seu ambiente de trabalho. E essas conversas nem sempre são escolhas, às vezes eles vão discordar profundamente, mas esteja certo de que será possível ter uma ótima conversa se você se dispuser a isso.

É também factível termos uma conversa sem desperdício de tempo, sem ficar entediado, e sem ofender ninguém (o que é o mínimo que se espera). Sabe aquela conversa da qual saímos nos sentindo entusiasmados, envolvidos ou inspirados, em que houve uma real conexão ou nos sentimos completamente compreendidos? É essa que é importante praticarmos ou buscarmos realizar.

Como evoluir nesse sentido? Listo algumas dicas para se atentar.

1. Não seja multitarefas

Sim. Você leu corretamente. Se está em uma conversa, esteja presente. Esteja lá por inteiro. Não atenda o celular, não cheque seus e-mails, não tire a atenção do seu interlocutor. Essa é a sua prioridade. Este é o momento. Se quiser sair da conversa, simplesmente saia, mas não fique meio dentro, meio fora.

2. Não fique dando lição

A não ser que seja de fato solicitado, mas entenda que, ao entrar em uma conversa, é válido se entregar à ocasião. Parta do pressuposto que tem algo a aprender, crescer, evoluir em qualquer aspecto. Deixe o ego de lado (se esforce, se necessário). Às vezes, isso significa deixar de lado a sua opinião pessoal. Todo mundo é especialista em alguma coisa.

3. Deixe fluir

Às vezes, temos outros pensamentos enquanto a outra pessoa está falando já há vários minutos, e segue falando, mas procure voltar o foco ao seu interlocutor.

4. Faça perguntas abertas

Por exemplo: como foi passar por isso? Assim dará margem para uma explanação maior. Eles vão ter que parar por um momento, pensar no ponto e a história passa a ter detalhes muito mais interessantes e abrangentes. O que seria diferente se você perguntasse, por exemplo: foi caótico aquele momento? A resposta será: sim, foi ou não, não foi, basicamente.

5. Se não sabe a resposta, diga que não sabe.

Seja transparente e não invente uma farsa. Isso é parte. E busque saber a respeito.

6. Não se compare

A sua experiência é uma entre várias, bem como o seu histórico de vida. E cada um tem o seu universo particular, por isso, não cabe comparações se ambos não partiram do mesmo ponto.

7. Não seja repetitivo.

É paternalista e realmente muito chato. Temos que fazer valer o nosso ponto de vista, que o repetimos sem parar. Atente-se a isso.

8. Esqueça os pequenos detalhes

Honestamente, as pessoas não ligam para o ano, a data, o nome, esses pormenores que nos esforçamos para lembrar. As pessoas não ligam. Elas querem saber de você, como você é, o que vocês tem em comum. O quanto há de conexão entre vocês.

9. Ouvir

Isso é o mais importante em tudo que já foi dito aqui. Ouvir talvez seja a habilidade mais importante que podemos desenvolver. Buda tem uma afirmação bastante apropriada: "Se sua boca estiver aberta, você não está aprendendo".

10. Preferimos falar

Quando se fala, você está no controle. Não precisa ouvir o que não lhe interessa. É o centro das atenções. Pode reforçar a própria identidade. E pode se distrair com essa habilidade. A meta, no mundo ideal, é que possamos ouvir uns aos outros.

Stephen Covey disse algo muito peculiar: "A maioria de nós não ouve com a intenção de entender. Ouvimos com a intenção de responder". Esteja interessado nas outras pessoas. Mantenha sua mente aberta e esteja preparado para se surpreender.

A famosa e atual comunicação humanizada

A comunicação tem que ter como essência a conexão. É o ponto de partida. Ela se reflete diretamente na motivação das pessoas. E o seu contrário, por exemplo, a falta de comunicação, pode ser desastrosa para os negócios, para o ambiente e pessoas nele inseridos. Comprometendo o desempenho, provocando o isolamento e a frustração.

Quanto há um ambiente confiável e acolhedor à troca de ideias, podemos mostrar nossas competências e participar do processo decisório. Não somente a fala, mas o gesto e as atitudes têm grande impacto.

Durante uma conversa, as palavras representam em média apenas 7% do processo de comunicação. O tom de voz, 38%, e os sinais não verbais, 55%. Sendo assim, como será que a outra pessoa te vê? É válido pensar nisso a partir de agora e aprimorar os seus hábitos.

Use corretamente o vocabulário e o enriqueça-o frequentemente. Não é só o que você diz, mas como você diz que determina o sucesso de sua comunicação.

Em pesquisa recente da USP, constatou-se que a gestão humanizada eleva o bem-estar dos colaboradores em até 225%. O RH pode e deve conduzir a comunicação deste modo, de tal sorte que as relações se completem, sejam empáticas, respeitosas e, ainda assim, objetivas e tragam os tão sonhados resultados para a instituição.

O período pandêmico e turbulento pelo qual passamos fez certo recuo em nossas relações, conexões; a necessidade social de "sentirmos" uns aos outros aflorou com muito mais intensidade.

Considerando este momento especial da história mundial, saiu ganhando quem soube fazer uso de uma comunicação mais humanizada, o que não significa ser informal, mas que vê com empatia o outro, transformando o entorno positivamente, e isso só vem somar.

Com o avanço da tecnologia, algumas empresas se apegaram a isso de forma tão ampla que passaram a excluir o tão recorrente bate-papo presencial, o relacionamento entre colaboradores etc.

Uma gestão inadequada, de comunicação falha ou tóxica destrói sonhos, saúde mental, áreas e empresas... Deve-se administrar uma cultura de *feedback* assertiva e positiva, mantendo uma comunicação humanizada, personalizada e que faça o outro se sentir parte. Todo profissional em papel de liderança tem o dever de buscar seu autodesenvolvimento em gestão de pessoas todos os dias.

Seja uma marca, mantenha sua autenticidade, tenha a admiração e o respeito dos colegas, do mercado, mas especialmente de si mesmo. Compreenda o seu ponto de partida e também se vanglorie da sua trajetória, do caminho percorrido até agora. Trace metas e estratégias para o lugar aonde quer chegar.

Aquilo que não se domina nos parece diferente e às vezes distante, contudo, temos a oportunidade de aprendermos e evoluirmos com propostas distantes da nossa perspectiva.

A sua forma de ser e de realizar sempre será o seu diferencial. Use a arte e o poder da comunicação a seu favor e destaque-se. Coloque em prática a sua sabedoria, simule discursos, treine. Quanto mais você trabalha, mais sorte você tem.

Não se compare. Não partimos todos do mesmo ponto. Portanto, cada passo é muito singular. Quando você alcançar o seu objetivo (com louvor), comemore. Boa sorte!

Referências

MALANDRO, L. *Estratégia de comunicação: a linguagem dos líderes.* São Paulo: Editora Phorte, 2004.

MICHELLI, J. A. *Guiados pelo encantamento: o método Mercedes-Benz para entregar a melhor experiência do cliente.* São Paulo: DVS Editora, 2017.

RIBEIRO, L. *O poder da comunicação.* YouTube, 2021. Disponível em: <https://www.youtube.com/watch?v=tbEdaOAOwlc>. Acesso em: jan. de 2023.

6

A IMPORTÂNCIA DA LÍNGUA PORTUGUESA PARA O PROFISSIONAL DE SECRETARIADO EXECUTIVO

Você já notou que o português falado é, em muitos casos, diferente daquele que escrevemos? A língua é viva e está em constante transformação. Daí a importância de estarmos sempre atentos e atualizados em relação a essas mudanças. Conhecer a língua portuguesa e dominar as suas regras traz benefícios imensuráveis; quem as pratica se revela como um indivíduo inteligente, confiável e qualificado.

MÁRCIA SOBOSLAY

Márcia Soboslay

Contatos
msoboslay@hotmail.com
LinkedIn: Márcia Soboslay
11 99904 5010

Secretária Executiva há 40 anos. Formação técnica em Secretariado, graduação em Análise de Sistemas e pós-graduação em Docência no Ensino Superior. Trabalho exercido em grandes empresas nacionais e multinacionais como Sharp do Brasil, HP e Grupo Votorantim, na qual está há mais de 23 anos e presta assessoria direta e exclusiva a um dos acionistas. Participante do COINS – Congresso Internacional de Secretariado, em 2019, no qual apresentou o trabalho: "A ineficácia no aprendizado da língua portuguesa na educação básica e sua influência na atuação do profissional de secretariado". Coautora dos livros *O futuro do secretariado: educação e profissionalismo* e *Meu cliente subiu no telhado... e agora?*, ambos da Editora Literare Books International. Palestrante e docente sobre temas ligados à língua portuguesa como redação empresarial, nova ortografia e comunicação assertiva. escritora e redatora de artigos diversos, inclusive para revistas especializadas na área secretarial.

*Seja como for o que penses, creio que é melhor dizê-lo
com boas palavras.*
WILLIAM SHAKESPEARE

Você, com certeza, já ouviu falar que o profissional de secretariado é o cartão de visita da empresa e, até mesmo, a imagem da empresa perante seus clientes. De algum modo isso é verdade, mas não estamos falando apenas de boa aparência, postura adequada, cordialidade, educação e simpatia. A imagem de qualquer profissional, de qualquer área e em qualquer estágio da carreira é colocada à prova quando o conhecimento da língua portuguesa é insuficiente e incompatível para a posição.

Vou explicar. Imagine esta situação. Você vai a uma reunião e o profissional que o atende diz: "Seje bem-vindo! Peço que o senhor aguarde naquela sala pois nesta temos menas cadeiras disponíveis". O que você pensa? Entre muitas coisas, que este profissional não está preparado para ocupar aquele cargo, já que o correto seria dizer: "**Seja** bem-vindo" e "nesta sala temos **menos** cadeiras disponíveis". Além disso, você pensa que a empresa não se preocupa e não investe na qualificação de seus colaboradores. Ou seja, foi passada uma péssima impressão.

Os erros acima, por mais que pareçam "pequenos", são desastrosos para quem os comete e, em muitos casos, difíceis de serem solucionados devido a vários fatores que influenciaram a língua portuguesa no passado e que, de certa forma, causam bloqueios de aprendizado até hoje.

Como tudo começou

Os problemas e as dificuldades de aprendizado da língua portuguesa que enfrentamos hoje são complexos e têm origem na nossa colonização. Em 1500, com a descoberta do Brasil pelos portugueses, a língua trazida por esses se juntou às outras já faladas na colônia: línguas indígenas, entre elas o tupi-guarani, e as línguas faladas pelos imigrantes europeus e africanos. O português era utilizado somente como instrumento de alfabetização pelos jesuítas, mas não fazia parte do currículo escolar. Segundo Magda Soares (2002, p. 158-159), "as razões para isso são o fato de que somente poucas pessoas da elite se escolarizavam e estas faziam questão de que a língua fosse o latim. Além disso, o português não tinha muito valor cultural e, por isso, não havia interesse em incluí-lo no currículo escolar".

Até que em meados do século XVIII, o primeiro-ministro de Portugal, Marquês de Pombal, implantou a reforma no sistema educacional brasileiro e instituiu o português como a língua oficial do país. No entanto, a mistura da língua dos negros, dos indígenas e das demais línguas trazidas por imigrantes criou um abismo entre a modalidade oral e escrita da língua. E é justamente essa discrepância que dá ao português o título de uma língua muito difícil de ser aprendida.

Reconhecimento e conscientização

Quando se trata de língua portuguesa, o reconhecimento e a conscientização de que há uma deficiência de conhecimento são os primeiros passos para a solução desse problema. A pessoa que comete deslizes ao falar ou escrever nem sempre tem consciência de suas falhas. Por outro lado, quando outra pessoa percebe tais falhas, nem sempre se sente confortável para fazer as devidas correções, especialmente no mundo corporativo. E assim, o problema se perpetua.

E é justamente quando chega a hora de ingressar no mundo corporativo que o candidato toma consciência da necessidade e da importância de ter um bom conhecimento de português. No ambiente corporativo, sabemos que o nível de exigência de conhecimento da língua portuguesa é diferente para cada profissão. Para alguns cargos, como operadores de máquinas, auxiliares de limpeza e de segurança, não há exigência de acertos de regras gramaticais. No entanto, quando o alvo da contratação é um profissional de secretariado, as exigências são totalmente diferentes, já que estes profissionais se relacionam com pessoas de todos os níveis dentro e fora das organizações e, além disso, sua principal ferramenta de trabalho é a redação de cartas, e-mails, relatórios e tantos outros tipos de textos. É exatamente por isso que o conhecimento da língua portuguesa e a correta utilização de suas regras se fazem tão importantes e, até mesmo, imprescindíveis.

O que ele fala não se escreve

Essa é uma expressão popular que significa: ele não merece crédito; não é confiável. Mas dentro do nosso contexto, essa expressão significa que a escrita não é uma mera transcrição ou reprodução da fala, já que não falamos exatamente como escrevemos e vice-versa. A linguagem falada é espontânea, adaptável e pode apresentar grandes variações de uso de uma mesma palavra e ainda permite a utilização de recursos não verbais como a linguagem corporal (gestos), além de diferentes entonações para transmitir a mensagem. Já a modalidade escrita é pautada nas tradições linguísticas e na literatura que definem o modo de escrever (código linguístico) considerado mais adequado às situações de formalidade e aos diversos gêneros textuais presentes na norma culta. E é justamente a falta dos recursos não verbais que torna a modalidade escrita mais complexa, pois, sem esses, é necessário fazer uso correto das regras gramaticais, que incluem pontuação, acentuação, concordâncias verbal e nominal, entre outras, para garantir a fidelidade da informação e dar credibilidade à mensagem.

O profissional de secretariado e o português

Conforme observado por esta autora em seu estudo sobre a relação da língua portuguesa com os profissionais de secretariado, a maior parte dos 72 profissionais entrevistados atuantes na área possui o conhecimento teórico das regras e conceitos da língua portuguesa ensinados nos níveis fundamental e médio. No entanto, muitos ainda desconhecem algumas das principais mudanças que foram implantadas oficialmente com a assinatura do novo acordo ortográfico. Como sabemos, a redação de e-mails corporativos é a principal ferramenta de trabalho desses profissionais. Daí a importância de se escrever corretamente e dar, assim, coerência, objetividade e clareza para as mensagens.

Entre os erros mais comuns apontados nesse estudo estão a nova grafia da palavra micro-ondas (agora escrita com hífen) e a dificuldade com relação à concordância verbal – o uso de sujeito no singular e verbo no plural. Para exemplificar: na frase "nenhum dos dois advogados chegaram", poucos entrevistados afirmaram que a conjugação correta do verbo é "chegou". Outros erros são bem comuns: a diferença entre "há" e "a", "mais" e "mas", "há muitos anos atrás", o uso dos porquês, da crase, da palavra "anexo", entre outros. A ortografia também costuma causar erros e confusões. Algumas palavras são frequentemente escritas erroneamente, tais como "exceção", "privilégio", "empecilho", "meteorologia", "sobrancelha".

Língua portuguesa x empregabilidade

De acordo com a declaração de profissionais da área de Recrutamento e Seleção ou correlata, provas de língua portuguesa e redação são aplicadas em praticamente metade dos testes nos processos de seleção. Os itens mais avaliados nesses testes são coerência (conexão entre as ideias apresentadas no texto), clareza (posicionamento correto das palavras), concordâncias nominal e verbal.

A redação é considerada pelos recrutadores como a principal ferramenta para determinar se o candidato tem domínio da língua portuguesa e, também, se consegue se expressar com coerência e clareza, transmitindo informações corretamente. Segundo esses, pela redação, é possível avaliar os conhecimentos de português, que incluem o domínio das regras gramaticais e a diversidade de vocabulário, a organização de ideias e a capacidade de se comunicar de forma clara e objetiva. Os recrutadores afirmam, também, que, de acordo com o texto desenvolvido, é possível avaliar, inclusive, a experiência do candidato e seu perfil profissional.

Na opinião dos responsáveis pela contratação de profissionais para a área de secretariado, uma boa redação demonstra eficiência profissional, preocupação com a qualidade do trabalho e transmite credibilidade às informações. Além disso, os recrutadores afirmam que o conhecimento da língua portuguesa e seu uso adequado para cada tipo de necessidade e situação são fatores decisivos para a contratação de um determinado profissional.

E atenção: os recrutadores alertam que a tolerância para erros depende do nível da vaga. Nos processos de seleção para recrutamento de profissionais de secretariado, os recrutadores são enfáticos ao afirmar que erros de português são decisivos para a contratação ou não de um determinado profissional. E além da importância dedicada à língua portuguesa, os recrutadores apontam outros fatores fundamentais para a contratação: experiência e confiança/idoneidade, sigilo e discrição na realização das atividades.

Várias literaturas abordam a questão da importância do conhecimento da língua portuguesa no mercado de trabalho. Dizem os recrutadores que a dificuldade em encontrar candidatos que possuam domínio do português é sentida já na fase de pré-seleção. O mercado de trabalho está cada vez mais competitivo e, como consequência disso, os requisitos para o preenchimento de vagas vão além de conhecimento técnico, diplomas e recomendações. As empresas buscam candidatos que possuem boa comunicação e, principalmente, o domínio da língua portuguesa. As empresas estão cada vez mais exigentes e os requisitos, mais altos. Segundo Cavalcante (2013), conforme citado por Fernando de Arruda, coordenador de RH, "em uma seleção de quinze candidatos, seis são reprovados na primeira etapa devido a erros de português". E para aqueles recrutadores que têm a tarefa de examinar diversos currículos e filtrá-los de acordo com o perfil de cada vaga, os que são mal escritos e apresentam erros de português são eliminados na primeira triagem, mesmo se o candidato possuir as qualificações técnicas necessárias para o preenchimento daquela vaga. Esse procedimento, claro, é adotado para as vagas em que a exigência de um conhecimento amplo da língua portuguesa é requisito fundamental para o exercício das atividades.

Sendo assim, fica evidente que o domínio da língua portuguesa nos processos de seleção de profissionais de secretariado pode ser um ponto determinante no resultado.

A visão dos executivos

Você acha que os executivos se importam com o conhecimento da língua portuguesa dos seus subordinados? Se a sua resposta foi sim, você está correto. Entre os 34 executivos entrevistados para este trabalho, 97% afirmam que esse conhecimento é avaliado durante a fase de recrutamento. E, na mesma linha de avaliação dos recrutadores, 79% garantem que os erros, se ocorrerem, influenciam a decisão de contratação daquele profissional.

E quando perguntados sobre como lidam com os erros cometidos pelos profissionais já contratados, 82% dos executivos dizem que preferem corrigi-los quando esses ocorrem a fingir que não perceberam. Eles consideram que esta atitude contribui para que, pelo menos, aquele erro não volte a acontecer.

Com relação aos erros considerados aceitáveis, o mais citado foi o de acentuação. O erro com menor nível de tolerância por parte dos executivos é o de conjugação verbal. E, infelizmente, muitos candidatos ainda têm o hábito de dizer "a gente vamos" em vez de "nós vamos". Já 47% dos executivos afirmam que não aceitam nenhum tipo de erro.

O que fazer?

Várias literaturas apontam um futuro promissor para a profissão, apesar da adoção e implantação de diversas ferramentas de gestão que facilitam, agilizam e, em certos casos, até eliminam algumas das tarefas operacionais exercidas por esses profissionais. Especialistas afirmam que, justamente por causa do avanço na utilização desses recursos tecnológicos, tarefas mais desafiadoras e de caráter gerencial serão realizadas por secretários e secretárias.

Diante desse cenário profissional, das novas competências e qualificações exigidas pelo mercado corporativo, fica evidente que, em virtude das grandes, rápidas e constantes transformações vivenciadas em todos os setores da sociedade, é fundamental que os profissionais busquem qualificações além de suas áreas de formação, o domínio da tecnologia e de recursos digitais e o conhecimento de outros idiomas. No entanto, nenhuma estratégia, recurso ou ferramenta terá efeito positivo na carreira de qualquer profissional se esse não tiver conhecimento e domínio do seu próprio idioma, a língua portuguesa. E essa evidência é ainda mais incontestável quando falamos do profissional da área de secretariado, que tem na língua portuguesa o seu mais importante recurso e diferencial para se destacar em um mercado tão globalizado e automatizado.

Finalizando, fica aqui a regra de ouro para o sucesso profissional em toda e qualquer área: leia muito, muito mesmo, leitura de qualidade, com bom conteúdo; estude, se interesse por temas que tragam conhecimento e evolução, tenha orgulho da sua profissão, seja qual for e, principalmente, tenha domínio da sua língua materna. Tudo isso fará de você um profissional atualizado, comprometido, inteligente e diferenciado.

Referências

CAVALCANTE, K. *Erros de português podem prejudicar a carreira*. DIGITAIS PUC-Campinas. Disponível em: <https://digitaispuccampinas.wordpress.com/2014/09/23/erros-de-portugues-podem-prejudicar-a-carreira/>. Acesso em: 12 fev. de 2023.

SOARES, M. Português na escola: história de uma disciplina curricular. In: BAGNO, M. *Linguística da norma*. São Paulo: Loyola, 2002.

SOBOSLAY, M. S. *Como a ineficácia no aprendizado da língua portuguesa na educação básica influencia no secretariado*. São Paulo: SENAC, 2018.

7

A FORMAÇÃO EM SECRETARIADO EXECUTIVO COMO UM DIFERENCIAL

Neste capítulo, serão abordados o diferencial da formação em secretariado executivo, seus aspectos fundamentais, o valor do aprendizado acadêmico para o desempenho da função, possibilitando uma reflexão sobre os rumos da profissão.

DÉBORA M. O. SANTOS

Débora M. O. Santos

Contatos
deboramosantos89@gmail.com
LinkedIn: linkedin.com/in/dsassessoriaexecutiva
Instagram: @dsantosprofissional

Natural de Salvador-BA, reside atualmente em São Paulo-SP. Graduada em Secretariado Executivo pela Universidade Federal da Bahia – UFBA (2013). Possui MBA em Gestão Empresarial pela Faculdade Ruy Barbosa / Wyden (2018). Com carreira iniciada no secretariado jurídico, passou a ter atuação estratégica em empresas multinacionais a partir de 2019. Possui experiência em assessoria executiva, administração de bens, gestão de patrimônio e ativos imobilizados. Seu diferencial é ser detalhista, ética, estar aberta a mudanças e em busca de desenvolvimento e aprendizado constantes.

Os tempos mudaram desde que o primeiro curso de Secretariado Executivo foi criado no Brasil, em 1969, na Universidade Federal da Bahia – UFBA. Para atender às demandas de empresas que se instalavam no Polo Petroquímico de Camaçari, na Bahia, a Escola de Administração da UFBA desenvolveu um programa de capacitação para o antigo Banco da Bahia e outras instituições, voltado para pessoas que ocupavam cargo de secretária, que se tornou a base para o desenvolvimento da graduação naquele mesmo ano. Desde então, o curso passou a ser oferecido e a formação em Secretariado Executivo alcançou desenvolvimento.

No início da formação do secretariado executivo, a maioria dos profissionais que desempenhava atividades de secretária, como datilografia, organização de arquivos, elaboração de textos empresariais, acabava realizando suas funções de forma intuitiva, devido à inexistência de cursos de graduação voltados para a área do secretariado. Além disso, muitos desses profissionais eram condicionados aos moldes de trabalho estabelecidos pelas empresas que chegavam ao País nessa época.

A partir dos anos 2000, ocorreu grande expansão na oferta dos cursos de ensino superior no Brasil, o que também ocasionou, consequentemente, a projeção de cursos voltados para o Secretariado Executivo.

Mas foi a partir dos anos 2000 que o desenvolvimento da educação superior atingiu seu ápice, resultado de medidas governamentais voltadas a esse fim, como a reestruturação do Plano Nacional de Educação. Em consequência, foram criados 987 Instituições de Educação Superior, 18.381 cursos e a realização de 3.343.186 matrículas em cursos de graduação (CIELO; SCHMIDT; WENNINGKAMP, 2014).

A expansão da oferta de cursos na área do secretariado, aliada à capacitação de novos profissionais e daqueles que já atuavam no mercado, contribuiu para colocar o Secretariado em evidência, de acordo com os dados divulgados à época pelo Instituto de Pesquisa Econômica Aplicada (IPEA) referentes ao ciclo de 2009 a 2012, que indicaram que o secretariado executivo ocupou a quarta posição no *ranking* de criação de postos de trabalho. Todos esses elementos comprovaram o reconhecimento da profissão e a importância do profissional do secretariado executivo no mercado de trabalho.

O diferencial

Como identificar a diferença entre dois elementos que, à primeira vista, parecem iguais?

Na maioria das situações habituais, o simples ato de comparar, ou seja, realizar uma análise visual entre dois elementos, não é suficiente para o estabelecimento das principais diferenças entre eles, sendo necessária uma análise mais detalhada para que sejam percebidas as características, dados ou parâmetros que tornam um elemento mais adequado do que outro. É o "entender o que está por trás".

Partindo-se dessa reflexão, pode-se dizer que seria pouco assertivo diferenciar profissionais com formação em Secretariado Executivo dos demais profissionais que não possuem essa formação, mas que exercem essa função, sem obter o conhecimento do quão capacitados e preparados esses profissionais são ao longo de sua trajetória universitária.

Embora os perfis e atribuições desses profissionais pareçam iguais, a diferença é perceptível na forma com que cada um deles conduz as atividades. Enquanto o profissional sem formação atua de forma mais genérica, o profissional formado em Secretariado Executivo é capaz de desempenhar as atribuições de maneira estratégica e otimizada, com uma visão ampla de todo o processo ou contexto em que está inserido, tendo como base os conhecimentos adquiridos durante a formação.

No entanto, apenas obter a formação em Secretariado Executivo não é sinônimo de que o profissional seja diferenciado e totalmente capacitado e que possa dispensar qualquer outro tipo de qualificação complementar. Faz-se necessário o aprimoramento constante e o aperfeiçoamento das técnicas aprendidas. Além disso, é mandatório que o profissional de Secretariado Executivo esteja sempre aberto a novos aprendizados.

O valor do aprendizado acadêmico para o desempenho da função

A grade curricular do curso de Graduação em Secretariado Executivo é muito diversificada. Possui desde conteúdos básicos, relacionados a ciências sociais, econômicas, da comunicação e informação, a conteúdos específicos, como estudo de administração e planejamento estratégico, noções de direito aplicado para instituições públicas e privadas, além do estudo de línguas estrangeiras.

As noções da disciplina de direito aplicado a instituições públicas e privadas, por exemplo, possibilitam aos profissionais de Secretariado Executivo o entendimento sobre o funcionamento dessas instituições, principais diferenças entre elas e aspectos jurídicos relacionados.

A consistência da matriz curricular dos cursos de Secretariado Executivo foi estabelecida a partir da Resolução nº 3 do Ministério da Educação – MEC, de 23 de junho de 2005, por meio da qual foram instituídas as Diretrizes Curriculares Nacionais para os cursos de graduação em Secretariado Executivo, bacharelado, a serem observadas pelas Instituições de Ensino Superior – IES, em sua organização curricular. Essa definição foi muito importante e contribuiu significativamente para que as IES passassem a ter solidez nos componentes curriculares que devem integrar a formação profissional do Secretário(a) Executivo(a).

O valor do aprendizado acadêmico para o desempenho da função é imensurável, pois é por meio dessa experiência que o profissional adquirirá amadurecimento, conhecimento técnico e teórico e terá a possibilidade de desenvolver habilidades cruciais para a atuação profissional.

Recomeço da profissão

Um novo olhar para os rumos da profissão de Secretário(a) Executivo(a) faz-se necessário frente às grandes mudanças e transformações significativas pelas quais esses profissionais e o mercado de trabalho têm enfrentado. No contexto atual, em que grandes esforços são exigidos para que possamos nos manter nas posições em que estamos dentro das organizações, a conquista de novos espaços fica ainda mais difícil e árdua. O "funil" tem ficado cada vez mais estreito para que os profissionais dessa área sejam reconhecidos e alcancem destaque em um mundo tão competitivo e moderno.

Cada vez mais é exigido desses profissionais pensamento ágil, espírito inovador, discernimento para apoiar no processo decisório, *compliance* em suas atividades, sigilo profissional para as questões de cunho confidencial, ética, governança corporativa e a resiliência, que é uma das mais desejadas competências atuais. Para que seja alcançado o destaque profissional, faz-se necessário revisitar as competências adquiridas ao longo da formação acadêmica e avaliar tudo que foi aprendido, readequando e ajustando pontualmente algumas técnicas e, principalmente, ter disciplina e comprometimento com a carreira profissional. Sempre haverá aprendizado pela frente, e a formação acadêmica para a profissão de Secretário(a) Executivo(a) é indispensável e fundamental para trazer profundidade e possibilitar o lugar de destaque que o Secretariado Executivo merece.

A todos os profissionais de secretariado executivo

Para atuar no Secretariado Executivo, precisamos agir com brilho nos olhos e querer muito, gostar de ajudar e lidar com pessoas, saber disponibilizar o nosso tempo em favor do outro, compreender que muito se ganha com a entrega do seu conhecimento e habilidades de forma cuidadosa e profissional. É necessário se reconhecer em diferentes perfis do mundo corporativo e, também, fazer com que sejamos o somatório de boas e essenciais qualidades de cada profissão: esse é e sempre será o nosso maior diferencial.

Referências

BRASIL (2005). Resolução n. 3, de 23 de junho de 2005. Brasília. Recuperado em 29 out. 2022. Disponível em: <http://portal.mec.gov.br/cne/arquivos/pdf/rces003_05.pdf>. Acesso em: 27 fev. de 2023.

CIELO, I. D.; SCHMIDT, C. M.; WENNINGKAMP, K. R. Secretariado Executivo no Brasil: Quo Vadis? *Revista de gestão e secretariado*, São Paulo, v. 5, n. 3, pp. 49-70, set./dez. 2014. Disponível em: <https://www.revistagesec.org.br/secretariado/article/view/256>. Acesso em: 29 out. de 2022.

CONCEITO de diferença. Disponível em: <https://conceito.de/diferenca>. Acesso em: 29 out. de 2022.

DELLA, B.; ALMEIDA, W. *O futuro do secretariado, educação e profissionalismo.* São Paulo: Literare Books International, 2019.

IPEA – Instituto de Pesquisa Econômica Aplicada. *Radar: tecnologia, produção e comércio exterior 2009-2012*. Diretoria de Estudos e Políticas Setoriais, de Inovação, Regulação e Infraestrutura. Brasília, n. 1., 2013.

8

A TECNOLOGIA COMO APOIO
APLICATIVOS E PLATAFORMAS

Neste capítulo, trataremos de tecnologias que facilitam as rotinas secretariais. Primeiro, é necessário entender a importância da tecnologia, bem como seu contexto histórico, além de seguir as exigências mercadológicas. Após isso, é preciso iniciar uma formação continuada em diferentes ferramentas e aplicativos que atuam como coadjuvantes no trabalho do profissional de secretariado.

ERCILIA MARQUES GATTO

Ercilia Marques Gatto

Contatos
www.secretariadodobrasil.com
info@secretariadodobrasil.com
LinekdIn: linkedin.com/in/erciliagatto/
Instagram: @secretariadodobrasil
@ercilia.marques

Bacharel em Secretariado pela UFPE, pós-graduada em RH e Marketing, mestre em Sociologia pela Università di Roma Tre. *Virtual assistant*, gestora de RH e *headhunter*, tradutora e empresária. Especialista em empreendedorismo feminino, mentora e consultora empresarial e profissional. *Project manager* e professora de cursos *e-learning* e *m-learning* no Brasil e em instituições de várias partes do mundo. Já formou mais de 17 mil profissionais. Idealizadora do Programa de Intercâmbio Secretarial, que leva profissionais para o exterior com fins de estudo e lazer. Criadora e coordenadora dos cursos de Novas Tecnologias, Ferramentas Digitais e Inovação na área de Secretariado, pela Universidade Corporativa Secretariado do Brasil. Fundadora, idealizadora e CEO do Secretariado do Brasil, bem como da Pleno Treinamentos Corporativos, Falcor Travels - (viagens de lazer: em grupo, de luxo, religioso e turismo de experiência) e Viver na Itália.

A tecnologia é a força motriz do mundo.
ERCILIA GATTO

Para entender a potência da afirmação acima, é necessário fazer uma breve retrospectiva histórica dos avanços mundiais mais recentes. Começamos com a Revolução Industrial, iniciada em 1765, na Inglaterra, que teve como marco a invenção das máquinas em substituição ao trabalho humano, com destaque para a máquina a vapor. Em meados de 1870, tivemos a Segunda Revolução Industrial, que destacou o desenvolvimento da indústria química e invenções como rádio, automóveis e telefone. Empresas como a Ford geraram novas tecnologias administrativas, utilizadas até hoje.

Uma nova descoberta aconteceu após o fim da II Guerra Mundial: a energia nuclear. Nessa época, devido à escassez de mão de obra masculina, desviada para os campos de batalha e com uma estrutura industrial/empresarial desenvolvida, as empresas não tiveram outra alternativa para manterem-se em funcionamento, senão a de utilizar a mão de obra feminina em todas as áreas.

No Brasil, a atuação da mulher como secretária foi percebida somente a partir da década dos anos 1950, com a chegada das multinacionais, cuja cultura organizacional já estava adaptada à presença da mulher. Nesse mesmo período, houve a implantação de cursos voltados para a área como, por exemplo, datilografia e Técnico em Secretariado. Desse momento em diante, a profissão de Secretariado só expandiu e evoluiu ao passo dos avanços mercadológicos.

De volta à tecnologia, em torno de 1969, tivemos vários avanços como a telecomunicação (telefonia mais moderna e celulares), o surgimento de equipamentos eletrônicos e os computadores. Essa época é denominada a Terceira Revolução Industrial. Aqui também houve o destaque na automação da produção e na criação da internet. Daí em diante, tudo se tornou digitalizado e informatizado. Em solo brasileiro, a internet globalizou-se de forma expressiva em meio à população brasileira apenas por volta de 1997, quando ainda poucos podiam se dar ao luxo de ter um computador em casa.

Mas tudo isso veio acompanhado da "violência digital"[1], ou seja, nós tivemos que escolher entre ficar descontinuados do mercado ou aprender a dominar a nova habilidade cibernética a qualquer custo. Na maioria dos casos, isso foi compulsório e cruel, mas, com o passar do tempo, todo mundo percebeu que valeu a pena.

Não demorou muito para a história se repetir... E quem viveu a pandemia de 2020 sabe bem dessa realidade. O que antes era estável – isto é, a sociedade já tinha o mesmo comportamento tradicional há décadas, mesmo em um mundo globalizado, já que a tecnologia estava avançando a passos lentos para a maioria da população – deu lugar à urgência, não apenas pelo vírus mas também pela adaptação rápida de profissionais, pessoas e empresas ao *home office*, para que tudo continuasse funcionando.

Foi preciso nos reorganizarmos para enfrentar tais adversidades no restabelecimento das relações de trabalho e entender as possíveis tendências para o futuro. Nessa época, aconteceu o *boom* de tecnologias já existentes e a adaptação dos profissionais que trabalhavam em escritório, como secretárias, administradores, entre outros.

Tudo mudou depois da pandemia e vai continuar mudando, não importa qual seja o fato histórico. Com isso, as exigências do mercado de trabalho seguem o mesmo passo. Não há opção, tais transformações exigem profissionais que possuem a habilidade de se reinventarem com elas. Vale salientar que o mercado é "volátil": o que se tem para hoje, amanhã poderá ser diferente e, assim, sucessivamente. Portanto, a "roda continua a girar" e em constante mudança. Isso é gerado pela diminuição das distâncias oportunizadas pelas tecnologias e pela globalização.

Consequentemente, todos esses fatores obrigam o surgimento quase que mandatório de novos perfis de profissionais dentro da mesma profissão. Podemos citar o exemplo do Secretariado que, nas empresas, já não é tão visto somente na figura daquela secretária tradicional. Hoje, muitos(as) secretários(as) já são coordenadores de times, de escritórios, ou atuam como *social media* dos próprios patrões, assistentes de blogueiros, trabalhando na produção de artes gráficas, na inclusão de conteúdos em sites e blogs, assistente virtuais, secretária(o) remota(o) e tantos outros cargos e atividades.

---

1 Violência digital: um termo inventado pela autora para definir a compulsoriedade do aprendizado de Novas Tecnologias em nossas vidas.

A nossa profissão foi amplamente preenchida por novos ofícios, agora já é possível se especializar em temáticas da nossa área, sem explorar novas profissões, e sim, apenas buscar o aprendizado de novas tecnologias. Isso é fundamental para o profissional de Secretariado, já que ocupa uma posição estratégica nas empresas.

É muito natural que, conforme a tecnologia avance, surjam novas frentes de trabalho. Justamente, nós profissionais passamos por verdadeiras "revoluções" em nossas carreiras e colecionamos um acervo vasto de competências. Por exemplo: liderança e gestão de pessoas, pensamento crítico, trabalho em equipe, inteligência emocional, negociação, tomada de decisão, resolução de problemas complexos e o domínio de inovações específicas para cada área laboral.

Essa reprogramação profissional veio para ficar. E o profissional que não se adaptar vai ficar descontinuado, isto é, não conseguirá trabalho. Por outro lado, é muito positivo, sermos obrigados a nos renovar continuamente, visto que, além de tudo, ainda temos que lidar com soluções inovadoras para sempre. Assim, nos tornamos muito mais flexíveis e ativos, sendo abundantemente criativos e colaborativos; o lugar de destaque se dá em competências como adaptabilidade. Esta última deixou de ser um diferencial e passou a ser essencial, uma vez que entrou em desuso o antigo modelo tradicional de trabalho, já que não o podemos ter como uma referência.

Portanto, o importante é que o profissional reflita e organize a sua formação continuada, mas não adianta fazer cursos sem algum critério, ou porque o "fulano é famoso, todo mundo está fazendo o curso dele e vou fazer também". Aqui é demandada estratégia, para se ter um posicionamento bem definido. Isso vale tanto para profissionais empregados quanto para aqueles desempregados, não importa! Essa máxima vale para todos: planificação, projetação coordenada da própria carreira é a chave do sucesso.

Como pudemos verificar, a tecnologia se faz presente em todas as transformações e épocas históricas relevantes. Sem dúvidas, a tecnologia é uma das forças impulsionadoras da humanidade. E os profissionais de Secretariado devem se manter sempre atualizados, tudo porque ser o braço direito do patrão repercute em responsabilidade direta no desenvolvimento da empresa; por isso é dever dos profissionais de secretariado estarem a par das principais tendências do mercado e mudanças tecnológicas.

No entanto, não é necessário apenas estudar e entender de novas tecnologias, é preciso se adiantar às transformações que estão sempre por vir. Quando elas chegam, cabe à(ao) secretária(o) conduzir com maestria os momentos de crise que a maioria das transições comporta. Na verdade, a tecnologia na vida do profissional de Secretariado não é apenas um apoio, mas o meio necessário para aumentar a produtividade, agilizar tarefas, melhorar a interação entre equipes, fazer com que as comunicações cheguem ao destinatário com presteza e, principalmente, ajudar nas rápidas resoluções de problemas e "apagões de incêndio". Por isso, a tecnologia não é um opcional no trabalho da(o) secretária(o), mas é inerente à execução de quase todas as nossas tarefas nos dias atuais.

Nesse sentido, as empresas, já no ato da divulgação de uma vaga, exigem determinadas tecnologias, às vezes, bem específicas, pois são imprescindíveis dentro da própria empresa. Por isso, cabe a cada um cuidar da própria formação e "sair do casulo", ir além das fronteiras do próprio conhecimento. Isso se aplica, principalmente, para quem tiver um bom emprego; afinal, é indispensável se manter trabalhando.

O mais importante é entender que o mercado avança e as empresas são obrigadas a seguir a corrente; consequentemente, todos os funcionários devem acompanhar tais avanços, principalmente nós, secretários, que estamos na linha de frente e assumimos o "leme" e o pioneirismo na implementação de renovações dentro das organizações. Dito isso, ter habilidades tecnológicas e conhecimento de aplicativos e plataformas que "agilizem" as rotinas secretariais é mais do que necessário, é indispensável.

Neste capítulo, não podemos deixar de citar algumas plataformas e aplicativos que vão ajudá-lo em sua rotina. Mas atenção! É interessante saber que nada na tecnologia é estável, nada fica do mesmo jeito por anos, tudo se renova sempre, por isso, ao escrever este capítulo, com certeza alguma tecnologia nova já surgiu e melhoramentos foram implantados naquelas existentes. Então, até este exato momento, muitos detalhes foram melhorados para você. Por isso, aproveite e dê o *upgrade*[2] em seus conhecimentos.

Tecnologias facilitadoras da rotina de trabalho

É sabido que as *soft skills*[3] são mais que necessárias e são um fator diferencial determinante para a escolha das empresas entre um ou outro profissional, mas apenas elas não são suficientes para gerar a produtividade exigida. Por isso, é necessário dominar as *hard skills*[4]. Consequentemente, lançar-se em novos

---

2 *Upgrade* – melhorar, atualização.

3 *Soft skills* – habilidades comportamentais.

4 *Hard skills* – habilidades técnicas inerentes ao mesmo perfil profissional.

desafios é algo essencial. Para iniciar e colocar a "mão na massa", trataremos de algumas novas tecnologias, incluindo aplicativos, ferramentas, entre outros, que serão coadjuvantes na sua rotina de trabalho e trarão muitos benefícios.

1. *Software* **de compartilhamento de tela:** a funcionalidade de compartilhamento é inerente para quem realiza videoconferências e reuniões corporativas. Vejam algumas opções que você pode utilizar: **Screenleap** e **Zoom** são ótimas ferramentas de interação.
2. **Aplicativos de bate-papo interno e externo:** Google Chat, Slack e Mattermost são ótimos para agilizar a comunicação interna entre as equipes.
3. **Aplicativos de videoconferência e reuniões on-line: Whereby, Webex, Zoom, Gotomeeting** e **Join.me** para uma opção leve.
4. **Ferramentas de gravação de tela: Movavi Screen Recorder Studio, CloudApp**, adequados para apresentações.
5. *Software* **de desktop remoto,** como **Any Desk e Splashtop,** proporcionam o usuário atuar em um computador ou *smartphone* de outra pessoa, com autorização do proprietário dos aparelhos.
6. *Software* **de gerenciamento de projetos: o Asana, Jira, Trello** são interessantes. Para gerenciar projetos de clientes que envolvam controle de tempo e faturamento, o **ActiveCollab** é uma ótima opção. É indicado para profissionais de Secretariado Remoto ou Assistentes virtuais.
7. **Aplicativos da lista de tarefas: ClickUp,** recomendado para visualização das tarefas personalizadas; já o **Wrike** oferece recursos similares a planilhas.
8. **Gerenciamento de agenda ou compromissos: OmniFocus** é bom para lembretes de compromissos, **Calendly** e **Agreedo** também são ótimos.
9. **Aplicativos de foco:** livram das distrações, como bloquear outros aplicativos; o **Freedom** faz isso.
10. **Armazenamento na nuvem:** Google Drive e Onedrive são os mais conhecidos. Para utilização empresarial, o **Box** e o **Sync** são mais adequados.
11. **Aplicativos para anotações:** são ferramentas muito legais, pois permitem deixar tudo anotado em um lugar só. **Microsoft OneNote, Evernote Apple Notes, Google Keep, Notion e Obsidian**.
12. **Gestão Gráfica, Axure RP, Adobe XD e Figma**. Esta última tecnologia possibilita criar projetos de *websites*.
13. **Aplicativos de edição de fotos: Snapa, PicMonkey, Piktochart, Adobe Lightroom** e **Adobe Photoshop**. Você deve estar se perguntando: o que isso tem a ver com Secretariado? Tudo! Atualmente, Secretária(o) está sendo requisitada(o) por ser o braço direito do chefe e apoiá-lo também em suas redes sociais.
14. **Ferramenta de gestão contábil ou fluxo de caixa: SIS Controle, Acompanha-ME, Hábil Empresarial** (muito bom para controlar entradas e saídas) e **Quickbooks**.
15. **Aplicativo de digitalização:** Google Drive, Google Lens (inclusive digitaliza o que você escreve à mão).

Há outros aplicativos facilitadores, como ferramentas de gestão gráfica, mapeamento mental, lista de compras... Insisto em afirmar que a tecnologia é algo que está em constante mutação. Então, a última dica é: cuide da sua atualização. Para isso, você pode acessar a Plataforma de Formação Continuada do Secretariado do Brasil, que é a primeira e maior plataforma em termos de *lifelong learning* do mundo para secretários, na qual é possível fazer sempre novos cursos e aprender tudo sobre novas tecnologias, a partir de conteúdos atualizados de acordo com as demandas do mercado.

Referências

MARQUES, E. *A inserção do acadêmico de secretariado no mercado de trabalho.* Recife, 2009.

GATTO, E.; GALVÃO, G. *Novas tecnologias: domine o novo normal.* 2. ed. Itália, 2022.

9

OS IDIOMAS COMO ALAVANCAS PARA O SUCESSO

Faça escolhas e acredite nelas! O idioma é um diferencial na carreira. Ser bilíngue, requerimento essencial no mundo corporativo, agrega novas habilidades, estabelece padrão de excelência, conectando-o aos continentes e às culturas. O começo será desafiador, porém, com persistência e foco, você se transformará em um ser empoderado. Então, coragem. Confie e comece!

VALÉRIA RAMOS

Valéria Ramos

Contato
the_evolveproject@outlook.com

Bacharel em Secretariado Executivo Trilíngue (português, espanhol e inglês). Formada pela FECAP - Fundação Álvares Penteado - São Paulo. *The Mini MBA* pela Birkbeck - University of London, *Community Interpreting* - Mary W Centre - Londres. Diploma *Business Management Studies* no Institute of Commercial and Management London. Na área de *wellbeing*, é *lifestyle* e *personal organizer*, consultora de imagem, terapeuta holística, facilitadora de Barras de Access, *mindfulness coach* e *pilates trainer*.

> *One language sets you in a corridor for life*
> *Two languages opens every door along the way*
> FRANK SMITH

A importância do profissional de secretariado executivo

O mundo se transforma a cada segundo. *Mudança*, palavra que define a atualidade.

A importância de saber recomeçar e reaprender sempre que necessário é uma das habilidades imprescindíveis dessa era.

Apesar de toda inovação tecnológica, a criação da Inteligência Artificial com os *smartphones*, *Ipads* e *Laptops* dotados com reconhecimento de voz, assistência, agenda eletrônica, *softwares* tradutores, aplicativos para aprender idiomas (exemplos: Babble, Mondly) e afins. É a era digital, em que não se necessita decorar fórmulas e números de telefones, pois estão disponíveis na internet com apenas um clique.

A importância do especialista em Secretariado Executivo nas organizações é sempre presente, pois computadores, *softwares* e máquinas nunca serão capazes de refletirem, serem éticos ou gerenciar emoções.

A responsabilidade que o profissional de Secretariado Executivo tem no desenvolvimento da Inteligência Emocional agrega, em sua carreira, o ingrediente imprescindível para o sucesso. E se for além disso e dominar um idioma, por exemplo, coloca-se em um *ranking* das profissões em destaque. Habilidades como essas nunca foram tão apreciadas e procuradas pelas organizações como o são atualmente.

Impulsionar a carreira utilizando-se da força criativa que o idioma proporciona é uma forma inteligente de expandir o *networking*. Novos horizontes se abrem, constroem-se novos *mindsets*, novas conexões culturais, abrem-se os mundos diversos da interconexão e da interdependência na visão global para expansão de carreira. E aqueles que decidem ser bilíngues ou multilíngues terão a oportunidade de descobrir, reinventar ou recriar a profissão e a vida.

Eficiência e otimização do tempo

O profissional de Secretariado Executivo tem cada vez mais destaque nas organizações. Reconhecido como um gerenciador de soluções, se faz notar por gerenciar múltiplos VIPs com atitudes proativas.

Agregando versatilidade e valores para as organizações, o profissional de Secretariado atua em áreas diversas, simultaneamente. Esse tipo de performance versátil permite que se expresse em múltiplos idiomas, transformando-o em um profissional vital nas organizações.

Investimento emocional para ser um *professional* bilíngue

Definitivamente, essa é a decisão que resultará em uma estratégia de sucesso, um dos princípios da liderança pessoal de um profissional de secretariado executivo. Ser bilíngue representa inovação. A diversidade consiste em expressar pensamentos e ideias além da língua materna. Então, com todos esses aspectos positivos, por que relutar em aprender um novo idioma? Por que permitir que o medo de fracassar seja maior do que a vontade de aprender? Simplesmente, por razões internas e externas.

Fatores internos

- Forma de expressar a personalidade (timidez, introspecção e observação).
- Diálogos internos: você não é capaz.
- Vai demorar muito para aprender.
- Sua voz é horrível quando fala essa língua.
- Você não tem mais idade para isso.
- Tem memória fraca.

Fatores externos

- Ninguém compreenderá o seu sotaque.
- O que um nativo pensará quando falar gramaticalmente errado?
- É complicado entender um nativo.
- Não tenho uma boa pronúncia (*speaking*), audição (*listening*), leitura (*reading*) ou escrita (*writing*).
- O processo de memorização é longo.

E seguem os diálogos internos que aprisionam e julgam as atitudes, impedindo pessoas de concretizarem sonhos e de se mostrarem para o mundo.

A maneira mais sábia de lidar com esse diálogo interno: IGNORE-O! Invista emocionalmente na sua escolha. Aplique uma regra simples para sair dessa prisão mental.

Olhe-se no espelho e diga: eu não tenho nada a perder! (*I have nothing to loose*).

Essas palavras farão uma mudança (*shift*) de consciência, trazendo-o para o momento presente, no qual o medo e a dúvida não existem. O cérebro sairá da zona de conforto e, acredite, mágicas acontecerão no seu processo de aprendizagem.

Criando oportunidades em tempos de crise

Utilizando-se dos tempos de turbulência, crie oportunidades de ascensão de carreira, como um profissional bilíngue/multilíngue.

No período pós-pandemia, as empresas serão gerenciadas por planos estratégicos e com redução orçamentária. Baseando-se nesse modelo de gestão, o profissional ganha total destaque, pois possui as habilidades que as empresas procuram.

Oferecendo qualidade de trabalho, domínio de idiomas, experiências das diversas áreas de uma corporação, com disciplina e excelência de um profissional, são capacidades extraordinárias.

O processo ganha-ganha

No livro *Os 7 hábitos das pessoas altamente eficazes*, Stephen R. Covey define que ganha-ganha é um estado de espírito que busca constantemente o benefício mútuo em todas as interações humanas.

Trazendo essa reflexão para o processo de aprendizagem, por trás da transição linguística, haverá uma transição do "ser, ter, agir, e fazer". Será verdadeiramente uma forma de renascer. Esse processo proporcionará autoconfiança e autonomia para o indivíduo.

O ganho que se obtém, na vida e na carreira, quando se expressa em um idioma estrangeiro é astronômico, impossível traduzir em palavras. É a expansão para a liderança como ser humano.

A era da facilidade e da transformação

Essa era trouxe a possibilidade do especialista de Secretariado superar seus limites e expandir como um líder. O lado positivo da pandemia para o mercado de trabalho é que hoje pode-se seguir carreira solo, como *freelancer*, autônomo, gerenciador de projetos para *startups* ou se lançar no mundo do empreendedorismo.

Ser fluente em algum idioma, principalmente no inglês, é imprescindível para o profissional que quer se destacar em uma organização. Fazer um curso de imersão no exterior, por exemplo, pode ser desafiador, mas essa atitude proporcionará um crescimento pessoal e o desenvolvimento da carreira para cargos elevados e empresas renomadas.

A era da facilidade proporciona o estudo de idioma por meio de aplicativos e aulas on-line. Existem excelentes plataformas gratuitas. Empresas investem mais em profissionais que dominam idiomas, seja indicando-os para cursos no exterior, participando de programas internos de mentoria ou em desenvolvimento de projetos com outras equipes.

Aproveite o momento para expandir seu conhecimento, invista em programas de capacitação profissional e no inglês para alavancar a carreira.

O que antes era implícito no papel do profissional de Secretariado, como ser o primeiro ponto de contato do VIP, coordenar e assessorar as equipes de trabalho, atualmente é evidente toda a habilidade de comunicação e conhecimento técnico desempenhada por este profissional.

Crie formas de destacar-se como referência de postura profissional, seja atuando como um porta-voz da equipe ou oferecendo-se para ser intérprete em reuniões, por exemplo. Atitudes como essas mostram aptidões de liderança.

E aí, você escolhe ser um profissional de Secretariado 5D? Em qual idioma você escolhe ser fluente?

Características do profissional do futuro

O profissional do futuro terá cinco carreiras ao longo da vida. E essas possivelmente acontecerão simultaneamente, segundo pesquisas da Universidade de Oxford:

- Ser empregável no futuro exigirá alta qualidade de trabalho e disciplina.
- Saber criar as oportunidades.
- Saber como pensar e não só o que pensar.
- Saber desenvolver a capacidade do sentir, ter habilidades comportamentais, pelo desenvolvimento da consciência.

Enxergando e fazendo um mundo melhor (*seeing and making the world a better place*)

Você sabia que aprender um idioma o auxilia em tudo isso?

- Fazer novas amizades.
- Melhorar a capacidade de raciocínio e memorização.
- Gerenciar a habilidade de múltiplas tarefas.
- Ser um ouvinte mais atento.
- Desmistificar e quebrar preconceitos e barreiras.
- Ser empático.
- Aumentar a autoconfiança.
- Mudar o paradigma.
- Retardar o envelhecimento do cérebro.
- Desenvolver a criatividade.
- Reduzir o risco de demência/Alzheimer.

You live a new life for every language you speak
If you know only one language, you live only once.
CZECH PROVERB

Aprender com rapidez um idioma com essas práticas

Foco no objetivo:

- Tenha disciplina.
- Decore uma frase por dia.
- Estude todos os dias.
- Coloque frases e palavras ao redor da casa, do escritório, no celular etc.
- Escolha algo que tenha afinidade de fazer e aprenda essa tarefa no idioma desejado.
- Divirta-se com o processo de aprendizagem.
- Lápis, caneta e papel. Escreva, copie qualquer coisa, mas escreva. Isso ajudará no processo de memorização.
- Fale, nem que seja sozinho.
- Converse com outras pessoas, mesmo sabendo que a gramática não está correta. As pessoas o entenderão pelo contexto.
- Use todos os sistemas de aprendizado: visual, auditivo e cinestésico.
- Seu corpo fala, escute-o. Procure estudar nos horários em que seu corpo está alerta.
- Saiba a diferença entre adjetivo, advérbio, pronomes, verbo e conjunção na sua língua materna. Você precisará deles.
- Crie a própria técnica de estudo.
- Faça um curso de imersão ou intercâmbio.
- Seja persistente.

Quebre estas crenças limitantes:

- Não permita que a gramática perfeita pare seu processo de aprendizagem.
- Não compre milhões de livros se não gosta de ler.

- Não assista a filme com legenda (da primeira vez, tente entender pelo contexto do filme).
- Não permita que o fator "idade" o impeça de conquistar o sonho de ser fluente em um idioma.

O idioma inglês transformou minha vida

Eu já trabalhava como Secretária de Diretoria, no grupo Santander quando comecei a faculdade. Porém, ter uma formação superior era parte do meu projeto de carreira. Sendo assim, conquistei um cargo de secretária executiva em uma das vice-presidências do grupo. Trabalhei por alguns anos na VIP, em que ter fluência no inglês era imprescindível para permanecer no cargo. Então, após minha graduação em 2003, parti para viver a realização de um sonho: fazer um curso de imersão de inglês no exterior. Juntei minhas economias, emoções, coragem, disciplina, determinação, meus valores, minhas memórias, algumas roupas e sapatos... Fiz minha mala e fui para a Inglaterra, onde moro atualmente.

Nessa jornada do saber, fiz vários cursos aqui no exterior, e já atuei nas áreas de hotelaria, ensino superior, secretária particular e voluntariados. Minha jornada como pessoa e profissional aqui no Reino Unido às vezes é árdua e desafiadora, mas sempre com total entrega e engajamento pela trajetória do Ser.

O meu compromisso com o caminho do saber é o tempero para os dias insossos, pois, quanto mais consciente sou, mais perto da minha essência estou. Consigo ser resiliente, ter empatia e melhorar 1% minha versão dia após dia.

Atualmente, me dedico à construção do meu legado – sou fundadora do Projeto Evolução da Consciência (*The Evolve Project*), para ajudar pessoas a terem clareza do caminho da expansão da consciência e a serem protagonistas de suas vidas.

O que este capítulo quer deixar como semente para você

Permita-se mudar de paradigma!

Entregue-se ao mundo desconhecido dos idiomas!

No começo, será um grande quebra-cabeça. Porém, assim que todas as peças se juntarem, será muito satisfatório, quando encontrar com sua versão 5D (Decidido, Disciplinado, Dinâmico, Dedicado e Divertido).

E quando chegar lá, tenha em mente que o processo de evolução é permanente. Siga para o próximo sonho a ser conquistado.

Bons estudos! Boa sorte e sucesso!

Referência

COVEY, S. R. *Os 7 hábitos das pessoas altamente eficazes.* São Paulo: Nova Cultural, 2003.

10

COMPLIANCE E O PROFISSIONAL DE SECRETARIADO

O *compliance* é uma área multidisciplinar responsável pela gestão das políticas, procedimentos, controles internos e monitoramento do próprio programa de *compliance*. Muitas empresas não sabem como implementar o *compliance*, e essa é uma possibilidade de atuação do profissional de secretariado, por ser capacitado tecnicamente e ter competências que contribuem para a integridade corporativa e adoção de condutas éticas.

LOIVA MEDEIROS

Loiva Medeiros

Contatos
loivamvm@gmail.com
LinkedIn: linkedin.com/in/loiva-medeiros-4a143497
Facebook: facebook.com/loiva.medeiros/
Instagram: @loivavidalmedeiros/

Professora do Curso de Secretariado Executivo Trilíngue da Universidade Luterana do Brasil (ULBRA/RS), especialista em Tecnologias Aplicadas à Educação pela ULBRA, especialista em Gestão Empresarial pela UNISINOS. Secretária executiva, registro profissional nº 1340 SRTE/RS.

O exercício da profissão de secretariado executivo, seja presencial ou virtual, vai exigir do profissional não apenas a dominância das técnicas secretariais, mas também alto grau de conhecimentos gerais.

Tomando como exemplo o conhecimento das legislações, sua importância está na proteção tanto do profissional quanto do seu cliente imediato, seja este o seu empregador ou o cliente do seu escritório de secretariado remoto. Entender as legislações serve para o profissional ter noção de como agir quando estiver diante de uma situação dúbia, equívoca ou embaraçosa. Afinal, infelizmente, ainda existem muitos abusos nas relações comerciais, empresariais, trabalhistas e até pessoais.

A primeira legislação a ser conhecida deve abarcar as normativas que contemplam o secretariado. Nenhum profissional deve se inserir nesta profissão sem antes conhecer a Lei 7.377/85, a Lei 9.261/96, bem como o Código de Ética e a CBO – Classificação Brasileira de Ocupações.

Outro grupo importante de legislações, para o qual o profissional de secretariado deve dar atenção, está relacionado ao segmento de mercado que ele está assessorando. Novamente, não importa se ele trabalha para um empregador ou se trabalha pela própria empresa, o conhecimento dos órgãos de controle e de fiscalização do segmento de mercado se faz extremamente necessário.

Por exemplo, se você trabalha para governo, deverá saber que as compras diretas são bem limitadas e que, na maioria das vezes, são realizadas licitações para aquisição dos produtos e dos serviços necessários ao funcionamento das repartições públicas. A Lei 8.666/93 estabelece normas gerais sobre licitações e contratos administrativos pertinentes a obras, serviços (inclusive de publicidade), compras, alienações e locações no âmbito dos Poderes da União, dos Estados, do Distrito Federal e dos Municípios. Os gastos são fiscalizados pelo TCU, CGU, pelos TCEs e TCMs, dependendo da jurisdição. Dessa forma, deve-se verificar a qual órgão fiscalizador está sujeito o segmento de mercado que você assessora e, em seguida, buscar entender como esses órgãos funcionam.

Por outro lado, o segmento pode estar sujeito à regulamentação de ministérios, secretarias, órgãos colegiados, autarquias, fundações ou empresas públicas, as quais emitem as normativas próprias (exemplos: ANVISA, CNS, FIOCRUZ, CVM, SUSEP). Igualmente deve-se buscar conhecê-las a fim de poder assessorar correta e assertivamente o cliente direto.

Essa acuidade não visa transformar o profissional de secretariado numa espécie de jurídico de plantão, mas sim em alguém que cuida da atuação e da imagem de seu cliente imediato e, consequentemente, se credencia para atuar e contribuir direta ou indiretamente na governança corporativa e nos programas de *compliance*.

Entendendo o *compliance*

A palavra *compliance* vem do verbo em inglês *to comply*, que significa agir de acordo com uma ordem, um conjunto de regras ou um pedido. No ambiente corporativo, *compliance* está relacionada à conformidade ou até mesmo à integridade corporativa. Ou seja, significa estar alinhado às regras da empresa, que devem ser observadas e cumpridas atentamente. *Compliance* é o conjunto de medidas e procedimentos com o objetivo de evitar, detectar e remediar a ocorrência de irregularidades, fraudes e corrupção (DONELLA, 2019).

O *compliance* surgiu a partir da legislação norte-americana, com a criação da *Prudential Securities*, em 1950, a regulação da *Securities and Exchange Commission* (SEC), em 1960, e a criação do *Foreign Corrupt Practices Act* (FCPA), em 1977. Cerca de 25 anos depois, o Reino Unido criou o *Bribery Act*, e, em 2013, foi a vez do Brasil criar a Lei 12.846/13, conhecida como lei anticorrupção (DONELLA, 2019).

A lei brasileira define a responsabilidade da pessoa jurídica por atos contra a administração pública. Tais atos incluem oferecer vantagem a agentes públicos, financiar ou custear a prática de atos ilícitos, ocultar interesses ou a identidade dos beneficiários desses atos. A lei anticorrupção também define penalidades, como a perda de bens, suspensão de atividades, proibição de receber incentivos e doações, entre outras. Com tudo isso, ficou ainda mais evidente a necessidade de prevenir, detectar e punir a ocorrência de irregularidades nas companhias (DONELLA, 2019).

Ética: fundamento do secretariado e do *compliance*

A principal conexão entre a importância do conhecimento das legislações e o significado de *compliance*, tópicos vistos até agora, está na ética. A ética empresta ao *compliance* o fundamento pelo qual se deve agir (ou deixar de agir) de determinada maneira, em busca do constante aprimoramento das relações profissionais (EL KALAY, 2017).

A ética em sua essência deve ser compartilhada, portanto falar de ética torna-se indispensável para um programa de *compliance*, o qual busca amparar e contribuir com as pessoas para que não tomem decisões equivocadas, acreditando que estão agindo corretamente.

No perfil do secretariado, a ética é responsabilidade inerente à função. A formação de uma consciência ética é gestada no cotidiano dessa profissão que busca a prevalência da razão sobre a emoção, seja na lida com assuntos sigilosos ou na redução dos possíveis erros nos relacionamentos interpessoais. Esse exercício diário com os dilemas éticos credencia o profissional de secretariado no conhecimento da ética, possibilitando-lhe o suporte e a tranquilidade de, por exemplo, fundamentar uma norma e alcançar efetividade na sua implementação, tendo em vista seu poder de convencimento e suas chances de produzir efeitos.

Esse conjunto de características é o recomendável para um profissional de *compliance*, ou *compliance officer*, como é conhecido. Ou seja, uma pessoa capacitada tecnicamente e com competências comportamentais que contribuam para uma atuação segura. Segundo a LEC (2020), o mercado de atuação no *compliance* é muito promissor e, por ser uma área multidisciplinar, tem atraído pessoas de diversas atividades, como controles internos, comunicação, auditoria, contabilidade, ouvidoria, recursos humanos e muitas outras.

Para a LEC (2020), quem atua no ramo de *compliance* (e todo esse departamento) é responsável pela gestão das políticas, procedimentos, controles internos e monitoramento do programa de *compliance*. Além disso, a função também deve ser incentivar os sócios, gestores e colaboradores com o fim de obedecer à missão e valores corporativos e agir sempre respeitando as condutas éticas da empresa. E é nesse contexto que se recomenda a atuação do secretariado como profissional de *compliance*.

As contribuições do secretariado aos pilares do *compliance*

Um programa de *compliance* é um sistema complexo e organizado, composto de diversos componentes que interagem com outros componentes de outros processos de negócios da empresa e, também, com outros temas. É um sistema que depende de uma estrutura múltipla que inclui pessoas, processos, sistemas eletrônicos, documentos, ações e ideias. A esses "componentes" dá-se o nome de "pilares" do programa de *compliance* (SIBILLE, SERPA e FARIA, 2020).

A LEC (2017) apresenta os pilares mínimos de um programa de *compliance* baseados nos requerimentos do *Federal Sentencing Guidelines*. São eles: 1. suporte da alta administração; 2. avaliação de riscos; 3. código de conduta e políticas de *compliance*; 4. controles internos; 5. treinamento e comunicação; 6. canais de denúncia; 7. investigações internas; 8. *due diligence*; 9. auditoria e monitoramento; 10. diversidade e inclusão.

Adotar condutas éticas agrega valor aos negócios e, por isso muitas empresas querem aderir ao *compliance*, mas ainda não sabem como implementar essa prática. Percebe-se aqui um nicho de possibilidades de atuação do secretariado, que, por estar próximo ao poder de decisão, terá muito a contribuir, até mesmo porque não será possível apenas copiar os modelos existentes, mas para ter resultados será necessário adaptá-los à realidade de cada organização.

Nos pilares 1 (suporte da alta administração), 5 (treinamento e comunicação), 6 (canais de denúncia) e 9 (auditoria e monitoramento), o profissional de secretariado poderá contribuir com uma boa comunicação relacionada ao reconhecimento dos padrões éticos, da boa mensagem sobre integridade corporativa e da divulgação de bons exemplos dos líderes; bem como com sugestões criativas para treinamentos dos empregados, a fim de fugir do padrão do jurídico e da auditoria.

Durante o processo de avaliação de riscos (pilar número 2), o profissional de secretariado poderá contribuir na fase de planejamento, de levantamento de dados, de entrevistas, de documentação, de catalogação de dados etc.

Documentar o programa de *compliance* é certamente uma atividade que o profissional de secretariado terá muito a contribuir, pois o código de conduta e as políticas de *compliance* (pilar número 3) devem ter uma linguagem de fácil compreensão às pessoas de todos os níveis organizacionais, novamente fugindo dos padrões jurídicos e de auditoria.

O profissional de secretariado poderá ter um olhar atento sobre os processos internos a fim de ajudar na construção de uma segurança razoável, por parte da alta direção, quanto ao alcance dos objetivos das operações da organização, à confiabilidade das demonstrações financeiras publicadas, à conformidade da aplicação das leis e regulamentos, conforme preceituado pelo COSO (*Committee of Sponsoring Organizations of the Treadway Commission*), trazendo assim importantes contribuições e lisura aos pilares 4 (controles internos), 7 (investigações internas) e 8 (*due diligence*).

Poderá também colaborar com a construção de políticas afirmativas de diversidade e inclusão a fim de buscar um mundo de negócios mais íntegro e uma sociedade mais plural, em contribuição ao pilar 10 (diversidade e inclusão).

Essas são apenas algumas das mais diversas contribuições que o profissional de secretariado poderá oferecer, a partir de seu perfil, à área de *compliance*, a qual se caracteriza como um processo que precisa de diplomacia, rigor e ética.

O profissional de *compliance*, segundo a LEC (2020), é o responsável pela implementação e gestão das seguintes práticas:

- criar e avaliar políticas internas e do código de conduta corporativo;
- efetuar tarefas que tenham o objetivo de trazer transparência;
- monitorar as atividades para que estejam em consonância com as normas legais;
- controlar os procedimentos desenvolvidos no programa de *compliance*;
- implementar e gerir o canal de denúncias;
- avaliar e monitorar periodicamente os riscos de fraudes e demais ações criminosas;
- priorizar a cultura organizacional da empresa;
- garantir que os padrões morais e éticos sejam seguidos;
- cuidar da reputação da empresa perante o mercado (público, parceiros, investidores etc.);
- atualizar o trabalho da empresa em relação a novas leis e tendências de *compliance*.

É um contexto de pura prática de gestão. E a gestão pressupõe a busca de muitos apoios, pois precisará do jurídico, do financeiro, do contábil e de muitos outros. É uma atuação em diferentes níveis e com muita interdisciplinaridade. E, por essa característica, se configura como excelente oportunidade para o profissional de secretariado compor ou liderar o setor de *compliance* nas organizações.

Referências

DONELLA, G. Compliance: descubra o significado desse conceito e porque sua aplicação é crucial dentro das empresas. *Capital Aberto*, São Paulo, 10 maio de 2019. Disponível em: <https://capitalaberto.com.br/secoes/explicando/o-que-e-*compliance*/>. Acesso em: 08 ago. de 2021.

EL KALAY, M. *Compliance sem ética é uma missão sem propósito*. São Paulo: LEC Editora, 5 out. de 2017. Disponível em: <https://lec.com.br/*compliance*-sem-etica-e-uma-missao-sem-proposito/>. Acesso em: 18 set. de 2022.

LEC – Legal Ethics Compliance. *O que faz um profissional de compliance*. São Paulo: LEC Editora, 7 out. de 2020. Disponível em: <https://lec.com.br/blog/o-que-faz-um-profissional-de-*compliance*/>. Acesso em: 08 out. de 2020.

LEC – Legal Ethics Compliance. *Os 10 pilares de um programa de compliance*. São Paulo: LEC Editora, 17 out. de 2017. Disponível em: <https://lec.com.br/blog/os-10-pilares-de-um-programa-de-*compliance*/>. Acesso em: 08 out. de 2020.

SIBILLE, D.; SERPA, A.; FARIA, F. *Os pilares do programa de compliance: uma breve discussão*. E-book. São Paulo: LEC Editora, 2020.

11

FAMILY OFFICE
A DESAFIADORA ARTE DO ATENDIMENTO PESSOAL

O desafio da prestação de um atendimento com excelência está presente em todos os segmentos de negócios e é fator decisivo na área do secretariado. Atender um *family office* requer competências específicas, muita resiliência e disposição. Executivos e famílias bem-sucedidas, exigentes e com demandas diferenciadas fazem parte desse ambiente desafiador, mas que podem proporcionar experiências únicas.

MARIA DO CARMO GASPAR PENTEADO DE ARAUJO

Maria do Carmo Gaspar Penteado de Araujo

Contatos
mariadocarmoaraujo.x@gmail.com
LinkedIn: Maria do Carmo G Penteado de Araujo

Com 20 anos de experiência em secretariado executivo, atendendo a expatriados e brasileiros em diversas multinacionais norte-americanas e europeias, acumula vasta experiência em atendimento personalizado. Atuou em *family office*, trabalhando em um escritório dentro da residência de um casal de empresários. Formada em Gestão Comercial, com MBA em Gestão de Negócios: Inovação e Empreendedorismo pela FIA – Escola de Negócios e com pós-graduação em Neurociência e Psicologia Aplicada, está sempre atenta às novidades do mercado. Atualmente, trabalha em uma multinacional norte-americana como secretária executiva bilíngue, atendendo a uma diretora expatriada e outros dois diretores. Desenvolve trabalho voluntário junto à empresa em que trabalha e na igreja que frequenta. São atividades que lhe trazem um olhar mais humano para as relações profissionais e pessoais.

**Família? Não!
Isso aqui é *family office*.**

"Renata havia chegado cedo naquele dia pois tinha diversas reuniões e tarefas a serem finalizadas. A casa estava quieta. Sentiu um aroma agradável de café fresquinho saindo da cozinha. Entrou no escritório, abriu seu notebook, quando plim! Seu celular já indicou a entrada de uma mensagem de dra. Maria Cecília. Imediatamente, Renata largou tudo o que começara a fazer e se dirigiu à suíte *master* da casa para despachar."

Essa poderia ser a rotina de um profissional de secretariado que trabalha em um *family office*, pois isso realmente aconteceu. No entanto, antes de iniciar este capítulo, é necessário que uma distinção seja feita. Pois, caso você for pesquisar sobre *family office*, creio que grande parte das informações encontradas será a respeito de gestoras de patrimônio, bens e serviços financeiros.

Quer dizer que agora profissionais do secretariado devem também ser especialistas em investimentos financeiros e administradores de patrimônios? Não! A não ser que você queira fazer uma transição de carreira e se proponha a estudar e conhecer mais desse segmento.

No contexto secretarial, o termo *family office* se aplica a um profissional do secretariado que assessora um executivo ou executiva, filhos e até mesmo outros membros da família em assuntos corporativos, familiares, pessoais e diversos. E quando se fala diversos, são realmente diversos e muitas vezes inusitados.

A fim de padronizarmos um termo para esta posição, aqui será utilizado o termo "profissional do secretariado". Apesar de uma grande parcela dos profissionais do secretariado ainda ser de mulheres, cada dia mais homens estão atuando nesse segmento.

Como vocês já devem imaginar, desenvolver esta atividade é uma tarefa para lá de desafiadora, árdua, que envolve uma grande dose de profissionalismo, conhecimentos multidisciplinares e até mesmo uma certa dose de renúncia pessoal.

Há diferentes formatos de constituição nesta categoria de atendimento chamado *family office*. Muitos profissionais ficam alocados nas próprias empresas dos executivos ou em um escritório designado apenas para este atendimento. No entanto, há algumas situações em que o profissional pode trabalhar em um escritório dentro da residência da família, como foi o caso relatado no início deste capítulo. Quanto ao *home office* e trabalho híbrido, é algo que deve ser negociado entre as partes, para que não haja perda de produtividade nem expectativas não atendidas.

Frequentemente, o tipo de contratação de um profissional do secretariado de um *family office* é CLT, porém pode-se encontrar também contratação PJ (pessoa jurídica) e, então, o profissional deverá ter uma empresa para emitir nota fiscal ou fornecer recibo de autônomo. Independente do modelo de contratação, é bom que se firme um acordo de horário de trabalho.

Em relação à estrutura do *family office*, não há um padrão único. Cada executivo ou grupo de executivos determina a melhor estrutura física e operacional para seu atendimento.

Há casos em que o *family office*, quando atende apenas uma pessoa, pode ficar alocado até mesmo em um escritório dentro da casa do executivo ou em sua empresa, e o profissional do secretariado se torna um assistente pessoal deste executivo e seus familiares diretos.

Caso o *family office* atenda a vários executivos, necessitará um lugar maior e também mais funcionários. Poderá ficar alocado em uma das empresas dos executivos ou mesmo se estabelecer em um lugar próprio.

O *family office* pode ter sua própria estrutura organizacional, ou seja, funcionários ou empresas terceirizadas que o atenda nas demandas de recursos humanos, contas a pagar, contabilidade, jurídico e assessoria financeira. No entanto, há situações em que se utiliza o apoio dessas áreas de alguma das empresas dos executivos, ou até mesmo de uma de suas *holdings*.

Independentemente do local físico de trabalho, o fato é que o contato próximo da vida pessoal dos executivos e família é uma situação que precisa ficar bem clara para o profissional desse segmento, o que implica uma série de competências e comportamentos esperados.

Competências gerais x específicas

Quando falamos de relacionamento entre gestores e profissionais do secretariado, tanto em um ambiente corporativo ou particular, há algumas competências gerais que são esperadas. Não somente nessa área, mas de maneira geral para qualquer profissional que almeja uma carreira bem-sucedida, é preciso ter profissionalismo, pontualidade, disposição, proatividade, conhecimentos técnicos, entre outras competências.

Contudo, quanto se trata de um *family office*, é importante que o profissional tenha em mente que há algumas competências específicas que devem ser desenvolvidas e aplicadas ao dia a dia, a fim de que os resultados sejam satisfatórios e até mesmo possam superar as expectativas dos executivos.

Conversando com alguns profissionais dessa área, foi possível identificar competências apontadas como essenciais para esta posição tão estratégica, as quais são tratadas a seguir.

Discrição

Uma vez que o profissional lidará com o executivo e familiares, diversos assuntos pessoais surgirão, até mesmo detalhes íntimos. É de suma importância que o profissional saiba como lidar com esse tipo de informação.

Reações exageradas, expressões de desaprovação ou negação devem ser evitadas. Talvez você não concorde ou não faria daquela maneira, mas afinal de contas, eles são família e vão se entender. Mas não é a sua família! Você é um colaborador contratado para executar as tarefas solicitadas e deve manter certo distanciamento.

Ter uma cabeça aberta ajuda a lidar com essas situações e mantém o profissional isento de situações como a que Juliana passou um dia.

Juliana estava inconformada. "Como ela me pede isso? Agora terei de pedir para o sr. Romildo ir até a farmácia para comprar preservativos?! Ela é uma mulher de 35 anos. Podia ter comprado pela internet!". Juliana atende um *family office* e situações inusitadas e até mesmo constrangedoras surgem com frequência. Mas uma profissional experiente como ela conseguiu contornar o constrangimento e, no mesmo momento, deu continuidade ao atendimento. Na verdade, sua fala foi apenas um desabafo mental. E frequentemente, esses desabafos mentais são necessários.

Disponibilidade

Apesar de todo contrato de trabalho abordar o horário de início e término do trabalho, é sabido que, mesmo havendo este acordo preestabelecido de entrada e saída, a maioria dos profissionais acaba frequentemente ultrapassando esses horários, não conseguindo cumpri-los à risca. E no caso do *family office*, isso pode ser mais frequente devido a compromissos pessoais e festividades envolvidos no dia a dia do executivo ou da família.

Sendo assim, é preciso ter flexibilidade e entender as prioridades de cada situação. Discernir quando realmente é necessária sua presença ou quando um monitoramento a distância é suficiente e não afetará a qualidade e efetividade do atendimento.

Comunicação

Talvez os maiores desentendimentos que acontecem no âmbito pessoal e profissional sejam problemas de comunicação e não efetivamente de discordâncias ou embates.

Por isso, é muito importante que o profissional consiga estabelecer um bom canal de comunicação com seus superiores. Para isso, é preciso que haja uma boa dose de sensibilidade e bom senso para entender os melhores momentos de se falar ou se calar, de entender os humores e particularidades de cada pessoa atendida e como cada mensagem deve ser comunicada. Ou seja, maturidade pessoal e profissional são essenciais para se estabelecer uma boa comunicação.

Planejamento e organização

Como em qualquer segmento de atividade profissional e até mesmo pessoal, planejamento e organização são necessários, porém, no contexto de *family office*, se tornam vitais, essenciais, sem os quais fica impossível entregar um trabalho de qualidade.

As coisas acontecem numa velocidade acelerada e muitas solicitações chegam ao mesmo tempo. O profissional precisará filtrar, priorizar essas solicitações e estabelecer rotinas que otimizem seu tempo e minimizem as distrações e barreiras na execução das tarefas.

Então, utilize o método com o qual você se sente seguro(a) e bem amparado(a). Além da tradicional agenda de papel e *planners*, você pode utilizar recursos tecnológicos que facilitem a interatividade e agilidade nos processos de comunicação e *follow-up* das atividades.

"De início, Luciene achou que literalmente surtaria com a complexidade da tarefa, mas depois de alguns dias foi se tranquilizando um pouco. Participar da recepção e do jantar para a rainha Sylvia da Suécia era maravilhoso, porém tremendamente desafiador. Imagine todos os detalhes, agenda, cardápios, segurança! No entanto, quando ela imaginaria ter essa experiência?

Foi desafiador, porém único e inimaginável! Foi preciso uma dose extra de organização, além do aprendizado de protocolos oficiais. Ao final, ver o resultado de qualidade de seu trabalho foi extremamente recompensador."

Desde tarefas simples, como marcar um motorista para levar um passageiro de casa para o aeroporto, a tarefas como planejar viagens internacionais, organizar comemorações diversas, realizar pagamentos mensais, controlar documentação de imóveis, carros, aeronaves precisam de muita organização e disciplina.

#Ficamalgumasdicas

- Tenha um bom *networking* – palavra que pode parecer um pouco desgastada, mas ainda faz muita diferença no dia a dia do profissional do secretariado. Contatos, indicações, parceiros e fornecedores de qualidade e alguém que conhece alguém que conhece o que você precisa é vida para um profissional que não pode errar em suas escolhas;
- Mantenha-se atualizado a respeito das tendências do mercado, do segmento de atuação do executivo, necessidades e gostos dos familiares. Atualize-se a respeito dos melhores aplicativos, sites e recursos tecnológicos;
- Cuide de sua saúde. Faça exercícios físicos. Alimente-se de maneira saudável. Divirta-se.

Vida pessoal & profissional & familiar & espiritual & ...

Muitas vezes, uma divisão radical é feita entre vida profissional e vida pessoal. Mas será possível realmente isso ocorrer? Afinal, tudo não se trata da VIDA da pessoa? O ser humano é inteiro, difícil dividi-lo em tantas partes. No entanto, a palavra adequada e pertinente aqui é "equilíbrio".

As demandas profissionais atualmente têm se intensificado de maneira exponencial. É preciso saber de tudo um pouco e estar antenado com as novidades. Claro, entregar bons resultados e superar obstáculos é mandatório, porém manter uma vida equilibrada é essencial para a saúde física, mental e espiritual.

E por que falar deste tema?

Trabalhar em um *family office* é uma atividade que traz inúmeras experiências, desde as mais inusitadas até mesmo as experiências que no ambiente corporativo dificilmente surgiriam.

"Aos 23 anos de idade, tive a oportunidade de trabalhar em um *family office*. Confesso que isso foi em um tempo em que não havia redes sociais, o e-mail ainda não era tão utilizado, e o fax ajudava demais. Sim, o fax! Ficava alocada no escritório da residência e atendia às solicitações de um casal de executivos. Acompanhava o dia a dia da família, ajudando com os filhos pequenos, funcionários da casa e até mesmo participando de reuniões escolares. O casal tinha uma vida agitada e viajava bastante. Minha experiência foi muito boa. Na época, eu era solteira e tinha disponibilidade de horários e isso tornava tudo mais tranquilo. Porém, sei que nem sempre as coisas caminham dessa maneira para muitos outros profissionais desta área. E se vocês me perguntarem se faria tudo novo? Sim, faria!"

Material de apoio

Apesar do crescimento dessa modalidade de atendimento, não há ainda material específico sobre o assunto.

Sendo assim, neste capítulo, foram utilizados materiais de apoio ao secretariado em geral e entrevistas com profissionais experientes que atuam ou atuaram nesta área.

Meus sinceros agradecimentos a Josineide Abrantes, Monica Bianchi, Elídia Ribeiro, Marcia Soboslay e Sandra Bento.

12

LGPD (LEI GERAL DE PROTEÇÃO DE DADOS) E O SECRETARIADO EXECUTIVO

A Lei Geral de Proteção de Dados foi criada com o objetivo de proteger os direitos fundamentais de liberdade e de privacidade, e a livre formação da personalidade de cada indivíduo, zelando pela manutenção de seus pensamentos e ações sem qualquer tipo de discriminação.

MARIA SANTOS

Maria Santos

Contatos
www.mariasantosadvogada.com.br
maria@mariasantosadvogada.com.br
LinkedIn: Maria Santos | LinkedIn

Advogada e *data protection officer*, certificada pela ITECRTS, membro da diretoria da Associação Nacional dos Advogados de Direito Digital – ANADD. Responsável Comitê Relações Trabalhistas no Digital e Comitê das Mulheres. Pós-graduada em MBA Direito Digital pela EBRADI; pós-graduada em Controladoria, Auditoria e *Compliance* pela Faculdades Metropolitanas Unidas (FMU); pós-graduada em Direto Processual Trabalho – Damásio Educacional. Especialista em Direito Empresarial e Direito do Trabalho. Há mais de 30 anos atua no mercado corporativo.

A Lei 13.709, de 14 de agosto de 2018, Lei Geral de Proteção de Dados, foi promulgada com o objetivo de proteger os direitos fundamentais de liberdade e de privacidade e a livre formação da personalidade de cada indivíduo, sendo conhecida como LGPD. Regulamenta o tratamento de dados pessoais, em meio físico ou digital.

A privacidade honra o nome, a imagem, intimidade e liberdade, que são direitos fundamentais, e tais direitos são expressos na Constituição Federal.

O sigilo das informações sempre foi uma preocupação da humanidade, mas com o avanço da tecnologia, foi assumindo cada vez mais importância no ambiente econômico ou educativo, e a necessidade de sua proteção ficou mais evidente.

Diariamente nos deparamos com situações corriqueiras envolvendo nossos dados pessoais. Para uma simples compra, preenchemos um cadastro com informações como número de documentos, endereço de e-mail, data de aniversário etc.

A evolução do comércio eletrônico e a explosão das redes sociais impulsionaram o mercado de dados pessoais, e atualmente há aplicativos de geolocalização possibilitando saber onde estamos ou por onde passamos. Ou seja, o sigilo não é só sobre nossos dados, é sobre nossos hábitos.

Se você está no Brasil ou se há oferta de bens e serviços para indivíduos no Brasil, está sob a égide da LGPD. Mas existem as exceções, que ocorrem quando os dados são provenientes e destinados a outros países: uso pessoal, uso não comercial, fins jornalísticos, acadêmicos e segurança pública.

Mas o que são dados pessoais?

O dado pessoal é tudo que identifica uma pessoa. Exemplo: dados cadastrais, data e local de nascimento, fotografia, endereço de IP, profissão, GPS, nacionalidade, interesses, hábitos de consumo etc.

Dados pessoais sensíveis exigem maior atenção no tratamento porque referem-se a dados de crianças e adolescentes, ou que revelam origem racial ou étnica, convicções religiosas, opiniões políticas, filiação sindical, questões genéticas, biométricas e saúde ou a vida sexual de uma pessoa.

Quando se trata de menor de idade, para o fornecimento de dados pessoais é imprescindível o consentimento específico do responsável, se limitando ao estritamente necessário, sem repasse a terceiros.

O Estatuto da Criança e do Adolescente (ECA) considera criança quando a idade é até 12 anos incompletos e adolescente, de 12 e 18 anos.

A LGPD define as exceções:

- quando a informação for indispensável em situações relacionadas a uma obrigação legal;
- políticas públicas;
- estudos de órgão de pesquisa;
- exercício regular de direitos;
- preservação da vida e da integridade física;
- tutela de procedimentos feitos por profissionais das áreas da saúde ou sanitária. Prevenção de fraudes contra o titular.

Quem são as figuras principais da LGPD?

O titular é a pessoa física a quem se referem os dados pessoais. É o dono da informação, somente a ele diz respeito.

O CONTROLADOR é a pessoa que toma decisões acerca do tratamento dos dados pessoais. Já o OPERADOR é quem realiza o tratamento de dados pessoais em nome do controlador.

Havendo irregularidade com a utilização dos dados, ambos podem responder pelo incidente ou mau uso dos dados pessoais, devendo, se for o caso, indenizar aquele prejudicado.

Encarregado de Dados ou DPO (*Data Protection Officer*) é o responsável para aceitar reclamações, prestar esclarecimentos aos titulares e às autoridades, orientar e executar as diretrizes definidas pela empresa. Sua identidade e seu contato devem ser disponibilizados de forma simples e acessível.

É a ele que o titular tem que se dirigir quando quiser obter informações ou qualquer deliberação sobre os dados.

Autoridade Nacional de Proteção de Dados (ANPD): órgão da administração pública responsável por fiscalizar o cumprimento da LGPD.

Princípios que estruturam a Lei Geral de Proteção de Dados

A boa-fé é o princípio mais importante. Estabelecer um padrão ético de conduta para as partes nas relações jurídicas. E ainda,

- finalidade;
- adequação;
- necessidade;
- livre acesso;
- transparência;
- prevenção;
- não discriminação;
- responsabilização e prestação de contas.

Bases Legais, segundo a LGPD, para o uso de dados pessoais:

- consentimento;
- cumprimento de obrigação legal ou regulatória;
- execução de políticas públicas;
- realização de estudo por órgãos de pesquisa;
- execução de contrato;
- obrigação legal;
- proteção da vida;
- para a tutela da saúde;
- legítimo interesse;
- para a proteção do crédito.

Direitos garantidos ao titular:

- confirmação da existência de tratamento;
- acesso;
- correção;
- anonimização, bloqueio ou eliminação de dados;
- portabilidade dos dados a terceiro;
- eliminação dos dados pessoais tratados com o consentimento;
- informação com quem foram compartilhados os dados;
- informação sobre a possibilidade de não fornecer consentimento e sobre consequências da negativa, e a revogação deste.

Ao solicitar a confirmação da existência do tratamento ou o acesso aos dados, você tem duas opções:

1. Poderá pedir em formato simplificado e, nesse caso, deve receber as informações imediatamente.

2. Poderá pedir uma declaração clara e completa que indique a origem dos dados, a inexistência de registro, os critérios utilizados e a finalidade do tratamento.

A resposta deve vir em até 15 dias e, havendo vazamento dos seus dados, o titular deve ser comunicado imediatamente.

Vazou. E agora?

Em caso de incidente de segurança, caberá à empresa informar à ANPD e tomar algumas providências iniciais:

- descrever a natureza dos dados pessoais afetados;
- informar sobre os titulares envolvidos;
- os riscos relacionados ao incidente;
- os motivos da demora, no caso de a comunicação não ter sido imediata;
- as medidas que foram ou que serão adotadas para reverter ou mitigar os efeitos do prejuízo.

LGPD não determina prazo definido, mas recomenda-se 72 horas.

Penalidades

- advertência: com prazo para as medidas corretivas;
- multa: simples ou diária de até 2% do faturamento limitada, a R$ 50.000.000,00 por infração;
- tornar pública a infração;
- bloqueio;
- eliminação;

Os nossos dados e a nossa rotina

Sobre *cookies* e IPs de máquina: pela natureza identificadora do IP e do *cookie*, eles podem ser usados como ferramentas para definição de perfis e identificação de pessoas. Frequentemente, ao navegar na internet, aparecem "janelas" que pedem aceite para a coleta de "*cookies*".

Cookies são pequenos arquivos enviados por sites, que têm interesse em suas informações, e ficam armazenados no navegador de seu computador. O site deve fornecer a "opção" de aceitar ou não.

Redes sociais, WhatsApp e Facebook

O meio pelo qual são capturados não altera a sua natureza, os dados continuam sendo pessoais e de titularidade da pessoa a que se referem.

No caso do WhatsApp, os dados são veiculados em conversas privadas ou para grupos de pessoas. Ainda que se verifique certa publicidade dos dados, ela é limitada. Uma eventual utilização desses dados de maneira comercial deve estar enquadrada em uma das bases legais.

Em relação ao Facebook, se os dados estiverem abertos a todos e a informação tiver sido publicada pelo titular, configurará a hipótese da coleta de dados tornados manifestamente públicos, sendo possível a sua utilização para novas finalidades, desde que observados os propósitos legítimos e específicos para o tratamento de dados e preservados os direitos do titular.

A rotina da profissional de secretariado e a tratativa dos dados pessoais

Há muito tempo, o profissional de secretariado passou a cumprir papel de suma importância dentro de uma organização, já que ele atua como gestor de serviços da empresa. Portanto, seu papel dentro das ações de governança é tão importante como qualquer outro papel de gestão no ambiente corporativo.

Seguindo esse conceito, este profissional é figura importante na implementação de planos de governança e *compliance*.

Segurança, governança e boas práticas

A LGPD orienta as empresas quanto à segurança, prevenção e a adoção de medidas para o estabelecimento de boas práticas e governança no tratamento de dados pessoais como pilares.

Segurança: determina medidas de segurança aptas a proteger os dados pessoais de acessos não autorizados, e de situações acidentais ou ilícitas de destruição, perda, alteração, comunicação ou qualquer forma de tratamento inadequado.

Boas práticas e governança: as empresas devem formular regras de boas práticas e de governança com as condições de organizar e normatizar seu funcionamento.

O profissional do secretariado, em suas rotinas profissionais, deve documentar procedimentos entre o controlador e o operador para facilitar a demonstração a regularidade junto à ANPD. Deve cobrar da empresa ações educativas e treinamentos aos seus colaboradores, visando mitigar riscos.

Posto isso, quando houver funcionário recém-contratado de sua equipe, deve ser treinado para que cumpra as normativas relacionadas à LGPD.

De modo sintético, a implementação de um programa de conformidade à LGPD deverá considerar as seguintes etapas:

Fase 1 Conscientização
Fase 2 Mapeamento
Fase 3 *GAP Analysis*
Fase 4 Planejamento
Fase 5 Implementação
Fase 6 Monitoramento

O profissional do secretariado, que atua tanto com dados da pessoa jurídica quanto da pessoa física, já considera, entre suas competências, zelo e ética. Além disso, guarda sigilo dos fatos que toma conhecimento no exercício da profissão.

No programa de implementação corporativa, sua função é "mapear os dados", identificar e categorizar toda e qualquer relação de coleta, armazenamento e tratamento de dados, mantendo este controle sempre atualizado.

Esse levantamento de dados poderá ser feito a partir da análise dos seguintes pontos:

1. Tipos de dados sensíveis que fazem parte dos processos do órgão/entidade.
2. Local em que ficam armazenados.
3. Forma de tratamento e por onde trafegam.
4. Indicação dos profissionais que têm acesso aos dados e quais as limitações.
5. Mecanismos de controle para a aplicação da política interna de proteção.
6. Conformidade com a política interna de proteção de dados.
7. Pontos frágeis e estratégias para minimizá-los.
8. Se os dados foram avaliados e classificados seguindo os conceitos da LGPD.
9. Qual o tempo de permanência.

Com base nessas informações, será possível identificar os sistemas e a equipe que lida diretamente com os dados pessoais, conhecendo os pontos de riscos, ajudando a consolidar uma política interna eficaz e em conformidade da LGPD.

Além do universo corporativo

A atuação do profissional de secretariado vai além da esfera corporativa, tendo em vista que cuida da agenda pessoal do executivo e, em algumas situações, da vida pessoal de sua família, como reservas de hotéis, passagens aéreas, convênios médicos, agendamentos e recebimentos de exames, compra de produtos na internet, representando a figura de "titular dos dados".

Pensando nisso, o Procon de São Paulo o orienta a adotar alguns cuidados:

1. Evite divulgar seus dados pessoais que não tenham relação nenhuma com a contratação que está sendo feita.
2. Procure se informar sobre como seus dados serão utilizados e com quem serão compartilhados.
3. Cuidado com os dados pessoais sensíveis, especialmente sobre sua saúde, pois só interessam a você e ao sistema de saúde.
4. Não informe nada sobre religião, convicções políticas, orientação sexual e outras informações de foro íntimo para a realização de cadastros de empresas.
5. Se desconfiar que um estabelecimento comercial ou portaria de edifícios, ou ainda qualquer meio de transporte, esteja utilizando tecnologia de reconhecimento facial sem autorização, denuncie.
6. Não permita que se colete impressão digital. Isso só poderá ser feito pelos órgãos oficiais.
7. Questione a empresa se perceber algum tipo de discriminação no mercado de consumo, como preços diferenciados de produtos ou serviços.
8. Cuidado com os dados financeiros! O Cadastro Positivo prevê a inclusão automática de dados financeiros para fins de avaliação de risco de crédito. Ou seja, as empresas do setor financeiro têm acesso aos dados, independentemente de autorização. Mas o titular tem direito a acessar seus dados coletados, a exigir a correção e, ainda, a cancelar este cadastro.

Nos casos de agendamento de consultas médicas, hospitais ou laboratórios, os cuidados devem ser maiores.

1. **Coleta de dados:** o fornecimento de dados deve ser consentido, e devem ser informados previamente a finalidade e o tempo de uso dessas informações.
2. **Tratamento de dados:** os dados devem ser usados com aprovação; a tecnologia costuma ser o recurso utilizado para garantir a segurança e o não vazamento.
3. **Descarte:** os dados coletados precisam ter um tempo de validade estipulado para armazenamento, podendo o titular solicitar seu descarte, se necessário.

Não deixe de ler a política de uso e privacidade. Ela deve assegurar o direito à informação e à livre escolha.

A LGPD foi criada para proteger e dar autonomia aos titulares sobre as suas próprias informações. E mais, a liberdade de mudar de ideia sempre que quiser, bem como dar credibilidade às empresas que atuam segundo suas diretrizes.

Referências:

BRASIL. Lei nº 13.709, de 14 de agosto de 2002. Institui o Código Civil. Diário Oficial da União. Disponível em: <https://www.planalto.gov.br/ccivil_03/_ato2015-2018/2018/lei/l13709.htm>. Acesso em: 28 out. 2022.

BRASIL. Procon. Disponível em: <https://www.procon.sp.gov.br/>. Acesso em: 29 out. de 2022.

PRIVALY ATIVITY COMPANY. Disponível em: <https://www.serpro.gov.br/lgpd/>. Acesso em: 29 out. de 2022.

13

SECRETARIADO E AS REDES SOCIAIS

Você está conectado há alguma rede social? Utiliza de maneira intencional? Neste capítulo, apresentamos como você pode se posicionar nas mídias digitais, sempre mantendo a sua verdadeira essência e fortalecendo a sua marca. Entenda o porquê das redes sociais e como utilizá-las estrategicamente.

**CLÁUDIA AVELINO E
GIULIA FERNANDES**

Cláudia Avelino

Contatos
claudiavelino.contato@gmail.com
Instagram: Claudia Avelino
LinkedIn: Claudia Avelino

Secretaria executiva remota especializada em eventos, palestrante, docente, consultora e mentora sistêmica para transição de carreiras. Pós-graduada em Administração e Organização de Eventos (SENAC). Graduada em Secretariado Executivo Bilíngue (Universidade Anhembi Morumbi). Durante 28 anos foi secretária executiva no ramo editorial. Coautora de dois capítulos, ambos editados pela editora Literare Books International. *O futuro do secretariado: educação e profissionalismo* (2019) e *Meu cliente subiu no telhado... E agora? Estratégias de atendimento ao cliente em diferentes segmentos* (2021).

Giulia Fernandes

Contatos
giulia.fernan@gmail.com
Instagram:@giufernan
Tik Tok: giufernan
LinkedIn: Giulia Fernandes

Aos 17 anos, começou a trabalhar com design gráfico (*freelance*). Atualmente, é *social media*, com formações e mentorias com os maiores *players* do mercado digital. Sempre teve muito interesse pelas redes sociais. Começou com Musical.ly (aos 12 anos), Facebook, Instagram. Criatividade é o seu forte e gosta muito de trabalhar com mídias, sempre buscando ajudar as pessoas a se desenvolverem nas redes sociais.

O início de tudo.
Conforme o site Tecmundo (2012): "O grande avanço na infraestrutura dos recursos de comunicação no Brasil foi no início da década de 90". E logo chegou a internet, sem manual de instruções, numa velocidade de crescimento absurda, e todos buscaram se adaptar ao seu funcionamento e a toda a avalanche de inovação. Utilizamos a internet num misto de curiosidade e necessidade, tudo muito de forma intuitiva; assim, foram surgindo novas modalidades de comunicação nas mídias sociais.

Nos anos 2000, começou a grande novidade da *web* com a facilidade da aquisição de computadores e com a internet para o público em geral; assim, a tecnologia seguiu a sua evolução com avanços significativos.

Redes sociais

Estão fortemente ligadas à necessidade do ser humano de se relacionar. Pelo envio de mensagens, de compartilhamento de conteúdo, grupos de pessoas ou empresas, todos se conectam. Existem muitas plataformas de interação digital e a cada momento surge uma nova, a renovação não para...

A internet e as redes sociais = oportunidades

Conforme KIMURA (2017), "essa abundância de conexões gera a abundância de conhecimento, que pode gerar abundância de resultados", portanto esteja atento às oportunidades.

Existem vários tipos de redes sociais, cada rede com um objetivo específico. Seus objetivos são estabelecer contatos pessoais, realizar *networking*, profissionais, mostrar imagens e vídeos, buscar informações sobre temas variados, divulgar produtos e serviços para compra e venda, e jogar, entre outros.

Cada rede social tem um propósito, além de um público-alvo exclusivo.

O que as pessoas buscam nas redes sociais

- **Entretenimento:** momento em que as pessoas param para relaxar após o trabalho (um momento de respiro). Ideal para criar conexão com seu público. O conteúdo é mais leve, para entreter e distrair.

Exemplo: uma imagem, um vídeo ou um texto com tom humorístico, difundido rapidamente pelos usuários no meio digital, vídeos curtos, conteúdo de humor.

- **Inspiração:** tirar a pessoa da zona de conforto ou acolher, inspirar, compartilhar momentos e conquistas. Ideal para mostrar em que você acredita, o que inspira e como ajuda o próximo.

Exemplo: mensagem motivacional, prêmios, mostrar o seu dia, cotidiano, antes *vs.* depois, como você trabalha, família, forma de ver o mundo, objetivos e valores.

- **Aprendizado:** conteúdo mais denso, com sugestões, ideal para compartilhar seu conhecimento. Obs.: lembre-se das dores da sua audiência, passe a mensagem de forma prática e rápida.

Exemplo: tutoriais, vídeos explicativos, dicas, *checklist*, análises e tirar dúvidas.

Vantagens x Desvantagens das redes sociais

VANTAGENS	DESVANTAGENS
Possibilita a interação em tempo real	Falta de privacidade
Oferece uma forma rápida e eficaz de comunicar algo para um grande número de pessoas ao mesmo tempo	Pode causar dependência, pois em alguns casos as pessoas não conseguem se "desligar" das redes sociais, deixando coisas importantes por fazer
Aproxima as pessoas que vivem em locais diferentes, pois é uma maneira fácil de manter as relações e o contato	Criação de perfil falso para postar comentários racistas e preconceituosos
Permite avisar sobre um acontecimento, a preparação de uma manifestação ou a mobilização de um grupo para um protesto	Exige cuidado na divulgação de certos pormenores da vida de cada um
Facilita a organização de eventos, enviando convites e solicitando a confirmação de presença	Facilidade de divulgação de notícias, fatos e imagens sem a verificação da fonte, podendo ser "fake news"

Fonte: Toda Matéria – Redes Sociais (2021).

O profissional de secretariado pode contribuir nas redes sociais com:

- a sua evolução na carreira (trajetória);
- antes *vs.* depois;
- inspiração para as pessoas;
- mensagens motivacionais;
- conquistas e vitórias;
- resultados;
- exibição do cotidiano;
- descrição de como você trabalha;
- dores e soluções da sua audiência;
- erros já cometidos;
- passo a passo;
- *checklist*;
- objetivo e valores;
- compartilhamento de aprendizado;
- participação em eventos (que organizou, assistiu ou ministrou), na forma de áudio, texto, foto, desenho, vídeo etc.

Na vida presencial, quando precisamos ter acesso a um ambiente, apresentamos o nosso RG e, na vida digital, apresentamos a nossa rede social. Assim, estipulamos uma interação, seja no pessoal ou profissional.

E o medo de se expor?

Sempre existe o receio de se expor e ser chamado(a) de blogueiro(a) ou *influencer*. Quem expõe o seu posicionamento, a sua verdade, as suas atuações, de alguma forma influencia o outro. Lembre-se você é um *creator* (criador de conteúdo).

Não se preocupe com o que o outro falar, analise se esta pessoa transborda a sua verdade, compartilha experiência e faz conexão com o público, se de alguma forma ajuda o outro a abrir novos horizontes.

Faça sempre a pergunta: o que eu estou postando pode ser prejudicial para a minha marca profissional?

Pense na oportunidade que possibilita a quem acessa a sua rede social conhecer você, com os elementos filtrados por você. Isso o deixará muito confortável. É a sua verdade.

Você inspira pessoas ou repele o seu público?

Quem não é visto, não é lembrado

De acordo com o site Medium Clube da Nic (2015): "Pense no Instagram como uma vitrine de uma loja. Se ela estiver com panos pretos, a pessoa pode não se interessar para ver o que tem dentro e, se solicitar para ver e você não aceitar na hora, ela pode desistir".

Mantendo o seu perfil como público, você demonstra que não tem nada a esconder e tem uma porta aberta para novas oportunidades, para que o conheçam e você possa fazer um *networking*.

Se você quer ter um bom alcance, esteja com o seu perfil público aberto e não restrinja o acesso à sua rede social.

E quando aparecem as críticas?

Existe esta possibilidade. Podem ser críticas construtivas e até mesmo destrutivas (*haters*); tudo depende de como você reage. Acredite na sua verdade! Seja você mesmo e não alimente a teoria do outro.

Para elaborar o seu perfil em qualquer rede social, deve ter um perfil genuíno; caso contrário, depois de um tempo, não será possível sustentar, fingir não ser quem você é, isso afeta a sua visão de si mesmo.

Sua fraqueza vira a sua força

Quando estiver passando por algo desagradável, não precisa mostrar o acontecimento em tempo real, só o faça quando realmente se sentir devidamente apto, não vulnerável. A exposição do ocorrido somente valerá como exemplo quando você estiver confortável e valerá como pauta de discussão e, com certeza, impactará outras vidas. Esteja bem para fazer o bem para o próximo.

Não se cobre tanto

A constância ao postar é necessária; caso não consiga publicar em um dia, não se cobre demais. Não somos todo o tempo criativos, busque inspirações, assista a um filme, faça um passeio, converse com pessoas, faça alguma atividade de lazer (pinte, dance, monte quebra-cabeça etc.).

Cuide do seu emocional. Não é positivo se cobrar, e a cobrança pode comprometer a sua saúde mental.

Sua marca, sua vida

Conforme Hyeser Souza (2021, p. 66), "você deve saber com quem está falando, a fim de que a sua marca passe exatamente a mensagem que você deseja". A marca pessoal, desde o início, deve ser construída com muito cuidado e de forma legítima.

Sua marca pessoal refere-se a você – refere-se ao seu valor.

A sua autenticidade deve estar presente, tem que ser você, não é possível moldar a sua rede social em outra pessoa. Somos únicos, portanto a sua rede social tem o seu DNA.

Movimente as suas redes sociais, com constância e produção de artigos, comentários, curtidas, compartilhamentos e conexões relevantes.

Conte a sua história – pessoas se conectam a pessoas.

Seja consistente – é muito mais fácil ser reconhecido pelo seu conteúdo e uma apresentação física. Você tem que demonstrar consistência em sua comunicação e aparência.

No seu perfil, uma foto de boa qualidade reflete cuidado e até mesmo o seu profissionalismo.

Você pode falhar; o erro é difícil de aceitar. Se errou, conserte, se desculpe, e estará tudo bem.

Mantenha uma atitude positiva e ajude os outros.

Nas redes sociais: não seja precipitado, seja estratégico.

Como está o seu repertório?

Quando você pensar em rede social, não pense em fama, poder ou dinheiro, pense na marca que deixará para o mundo, que transformação pode causar nas pessoas.

O profissional de secretariado nas redes sociais

Esse profissional pode difundir a profissão nas redes sociais, mostrar a sua evolução, mostrar a transformação, transmitindo autoridade para o seu nicho, como ganhar novos clientes (secretariado remoto), também com *Content Cash* (transformando conteúdo em dinheiro). O profissional de secretariado, com um perfil ativo nas redes sociais, consegue transbordar o seu conhecimento, ajudando os profissionais em início de carreira. Portanto, seja:

estratégico **criativo** **autêntico**
intuitivo **focado** **intencional**

Estratégico sempre

Uma pessoa estrategista é aquela que consegue coordenar seus recursos, de modo a alcançar seus objetivos com mais facilidade. Em vez de simplesmente realizar tarefas sem qualquer critério, ela encontra as melhores maneiras de aperfeiçoar as atividades, considerando sempre as metas que deseja atingir.

Verifique, observe, anote, crie metas, defina objetivos, evite ser impulsivo, pense antes de agir, analise suas ações e trabalhe muito o seu diálogo interno.

Nas redes sociais, é preciso entender quais tipos de postagens podem ser atraentes para que o outro se interesse pelo seu perfil, se engaje e você atinja seu objetivo (atrair, vender, oportunizar, interagir, apresentar um *infoproduto*).

Como todo planejamento, a importância de definição de metas (curto, médio ou longo prazo) é necessária. Definir objetivos e público-alvo (idade, estilo, gostos em comum), com quem você está falando, delimitar temas a abordar, como se comunicar (por vídeo, imagem, ao vivo, informal ou formal), estilo (o que você pretende passar, cores).

Ser estratégico também é pensar antes de compartilhar uma mensagem recebida. Verifique a veracidade das mensagens que você recebe. Deixar uma mensagem indevida para a sua audiência a deixará confusa, não suprima informações. Tenha uma linha de raciocínio integrada nas suas postagens.

Se fosse a sua audiência, entenderia a mensagem de sua publicação?

Você pode criar formas para conhecer melhor o seu público, fazendo pesquisa por meio de perguntas, votação, comentários, preenchimento de formulários, enquetes, instigando para respostas e interação no particular. Entendendo os pontos em comum com seu público, você gera a identificação.

Você deve começar com a estruturação de um planejamento que otimize o seu tempo e traga clareza para os seus objetivos.

Quando existe um grande volume de trabalho, na sua rede social ou na rede social da empresa que trabalha, não se acanhe, está na hora de saber delegar, busque um profissional que possa fazer aquele trabalho que você não domina tão bem ou para o qual realmente não tem tempo e que não seja a sua *expertise*. Os grandes nomes no mercado de trabalho buscam o apoio em uma equipe nos bastidores (mentores, criadores de conteúdo, estrategistas, profissionais específicos). Sua caminhada na internet pode ser mais leve e não precisa ser solitária, é importante saber delegar.

Podemos considerar que:

> O on-line é um caminho sem volta. Não é o único caminho, o off-line continua tendo um papel importante. Mas, cada dia mais, quem não tem presença digital é quase como se não existisse. (JOTA, 2022).

Referências

DIANA, J. *Toda matéria, 2021.* Disponível em: <https://www.todamateria.com.br/redes-sociais/>. Acesso em: 15 out. de 2022.

JOTA, J. *Pessoas precisam de pessoas: estratégias para o mundo.* São Paulo: Gente, 2022.

KIMURA, J. *O livro secreto das redes sociais.* São Paulo: Futurama Editora, 2017.

MARQUES, J. R. *Descubra quais são as características de uma pessoa estrategista.* IBC Coaching, 2020. Disponível em: < https://www.ibccoaching.com.br/>. Acesso em: 16 nov. de 2022.

OGNIBENI, N. *Clube Danic, 2015.* Disponível em: <https://medium.com/clubedanic/uma-d%C3%BAvida-constante-no-instagram-que-percebo-%C3%A9-deixar-o-perfil-p%C3%BAblico-ou-privado-531427f1d92b>. Acesso em: 24 nov. de 2022.

SOUZA, H. *Liberdade digital: o mais completo manual para empreender na internet e ter resultados.* São Paulo: Maquinaria Sankto Editoria e Distribuidor Ltda, 2021.

TECMUNDO, 2012. Disponível em: https://www.tecmundo.com.br/redes-sociais/33036-a-historia-das-redes-sociais-como-tudo-comecou.htm>. Acesso em: 16 nov. de 2022.

14

INDICADORES ESTRATÉGICOS
A MANEIRA INOVADORA DE MEDIR A PERFORMANCE SECRETARIAL

A nova economia e as novas competências levam os profissionais a aceitarem mudanças e extrapolarem seu *job description*. Os profissionais de secretariado executivo devem substituir a subjetividade e apresentar sua performance de forma estratégica e alinhada ao *core business* da organização.

CIBELE ORTEGA DOS ANJOS

Cibele Ortega dos Anjos

Contatos
mentoria.cibeleortega@gmail.com
Instagram: @mentoria.cibeleortega
linkedin.com/in/cibeleortegadosanjos
11 99451 4047

Graduada em Automação de Escritórios e Secretariado pela FATEC-SP, pós-graduada em Assessoria Executiva pelo Centro Universitário Ítalo-Brasileiro e em Ensino de Espanhol para Brasileiros pela PUC-SP. Desenvolveu sua carreira, ao longo de 22 anos, assessorando presidentes e CEO's dos ramos bancário, segurador e elétrico. Atualmente, é secretária executiva poliglota da diretoria de *Oil & Gas* da Siemens Energy do Brasil. De 2010 a 2012, foi docente no Curso Superior de Secretariado Executivo Trilíngue da FMU. De 2011 a 2013, atuou como presidente do Grupo de Secretariado Executivo da Câmara Espanhola de Comércio. É coautora dos livros *Excelência no secretariado; Meu cliente subiu no telhado, e agora?; As incríveis* e *Secretariado em ação*. Vencedora do Prêmio Profissional de Secretariado do Ano 2020, do CONASEC.

É fato que a economia tem se transformado ao longo dos anos e, atualmente, os modelos de negócios são impactados pelas metodologias ágeis, pela tecnologia e inovação. Essas transformações não interferem apenas nos serviços e produtos ofertados pelas empresas, mas também nas competências e perfis que os profissionais precisam desenvolver para se manterem atrativos ao mercado de trabalho.

Segundo o relatório do World Economic Forum (*Future of Jobs,* 2020), serão cada vez mais exigidas competências comportamentais, estratégicas e tecnológicas dos profissionais do futuro. Entretanto, esse futuro já bate à porta e se refere a 2025. Capacidade de análise crítica e inovação, constante aprendizado estratégico, solução de problemas complexos, liderança, resiliência, flexibilidade, influência social e habilidades tecnológicas são algumas das *inner skills* buscadas pelos empregadores.

Vale ressaltar que os profissionais de secretariado executivo fazem parte dessa nova economia e precisam moldar-se às competências exigidas. Nunca o *life long learning* foi tão necessário, não apenas para aprimorar as habilidades técnicas, mas principalmente para conduzir, de maneira assertiva, suas atitudes e estratégias diante de mudanças inesperadas. O profissional não sobrevive mais na subjetividade e na subserviência. É extremamente relevante caminhar lado a lado do executivo assessorado, compreendendo a essência do negócio e de que forma a sua presença contribuirá positivamente com os resultados da organização.

Considerando todo este cenário, os indicadores de desempenho tornam-se um dos principais aliados dos profissionais, inclusive do secretariado executivo. Com eles, é possível desenvolver metas assertivas, argumentar seus resultados e apresentar a performance de maneira objetiva, além de sugerir ideias e melhorias a processos e procedimentos que estão atrelados às suas atividades.

Portanto, convido você, caro(a) leitor(a), a mergulhar neste universo dos indicadores estratégicos, fazer uso em seu dia a dia e transformar sua comunicação com executivos, pares e clientes.

O que são indicadores estratégicos de desempenho?

Antes de adentrar ao universo dos indicadores estratégicos, é importante entender claramente o conceito de desempenho. Segundo Francischini (2017), desempenho é definido como a "comparação entre o que foi realizado por uma operação em relação à expectativa do cliente". Em outras palavras, é analisar o que foi realizado por um indivíduo em relação aos objetivos estabelecidos pelo seu líder ou gestor.

Por sua vez, indicadores ou KPI's (*key performance indicators*) são métricas utilizadas para mensurar a performance, produtividade e resultados de uma determinada atividade. Há uma gama diversificada de indicadores de desempenho e, abaixo, estão os quatro principais.

Tipo de indicador	Definição	Exemplo
Produtividade	Apresenta uma relação direta entre a execução da tarefa e a forma como esta é gerenciada.	Tempo gasto para fabricar x unidades fabricadas.
Qualidade	Avalia se a qualidade dos serviços está no patamar desejado.	Número de clientes satisfeitos com um determinado atendimento.
Capacidade	Desempenho de um determinado equipamento durante um período.	Número de peças produzidas por uma máquina em uma hora.
Estratégico	Avalia se a estratégia da companhia está alcançando os resultados esperados.	Faturamento anual dentro da meta.

Como se pode observar, os indicadores estratégicos estão intrinsecamente ligados ao *core business*, à missão, visão e objetivos estratégicos da organização. A principal diferença entre ele e os demais é que o alto nível hierárquico se envolve diretamente com a definição da estratégia empresarial, e o profissional de secretariado executivo destacará o valor de suas atividades ao atrelá-las à estratégia. Neste capítulo, serão apresentadas as diretrizes para que esse profissional estabeleça metas que possam ser mensuradas por meio de indicadores estratégicos de desempenho.

Como construir indicadores estratégicos de desempenho?

O primeiro passo é ter com clareza a definição de dois conceitos que muitas vezes causam confusão. Você saberia dizer qual a principal diferença entre objetivo e meta? Seriam sinônimos? Ou são definições apenas ligadas ao mundo corporativo?

Para esclarecer de uma vez por todas, tenha em mente que objetivo se refere àquilo que se pretende alcançar. Por outro lado, as metas são as atividades específicas que farão com que o objetivo seja atingido. Em outras palavras, o objetivo é *WHAT* e as metas são *HOW*. Objetivo é aquilo que é desejado e as metas são o como esse algo desejado será atingido. Não se trata apenas de conceitos do mundo empresarial, pois cada indivíduo também tem seus objetivos e metas pessoais, voltados à carreira, à família e à saúde.

Com a clareza dessas definições, o próximo passo é internalizar que toda e qualquer meta deve ser assertiva, objetiva e mensurável. Partindo desse pressuposto, surge um conceito que o profissional de secretariado executivo deve conhecer e fazer uso adequado. Trata-se da metodologia de metas S.M.A.R.T.

Em 1981, o estadunidense George T. Doran criou um *framework* que até hoje auxilia a construção de metas claras e bem definidas. A ideia principal é atrelá-las aos resultados esperados, pois isso faz com que se tornem alcançáveis e realistas. Doran (1981) tem como critérios principais os seguintes aspectos para o estabelecimento de metas:

S	*Specific*	*target* específico para a área de melhoria;
M	*Measurable*	indicador de medida da meta;
A	*Assignable*	especificar o responsável;
R	*Realistic*	avaliar se os resultados são atingíveis;
T	*Time-related*	especificar quando o resultado será atingido.

De maneira geral, as metas precisam ser específicas e focadas em uma determinada área, mensuráveis para o devido acompanhamento de seu atingimento, com responsáveis bem definidos, com *deadline* estabelecido e, principalmente, devem ser factíveis. Nota-se, uma vez mais, que a subjetividade é totalmente substituída por dados e fatos que comprovam a performance do profissional. Não há mais espaço para se dizer que "há muito trabalho na minha área", ou "minhas demandas são exaustivas". Essa subjetividade deve ser imediatamente substituída por uma linguagem que expresse o real volume de trabalho, como "dedico 90% do meu tempo em gestão de compromissos" ou "o percentual de horas extras tem superado em 15% o estimado". Com essa comunicação gerencial, o profissional tem argumentos e um diálogo de igual para igual com seu executivo.

Além da metodologia S.M.A.R.T, há também outras ferramentas que auxiliam a construção de metas assertivas. As mais utilizadas são o *Balanced Scorecard*, também conhecido como BSC, e o OKR (*Objectives & Key Results*).

O *Balanced Scorecard* atua em quatro perspectivas principais para a definição de metas: (1) financeira; (2) cliente; (3) processos internos; (4) aprendizado e crescimento. Tanto o planejamento estratégico da organização como as metas individuais permeiam essas esferas e apresentam indicador de medida e *deadline*. Em contrapartida, a ferramenta OKR foi aplicada principalmente pelas empresas do Vale do Silício e auxilia na definição de metas mensuráveis de curto prazo, para manter o foco da equipe ou do indivíduo. Ambas as ferramentas são amplamente utilizadas pelas grandes empresas.

Trazendo novamente o foco para o universo do secretariado executivo, é importante que o profissional escolha uma metodologia que lhe traga confiança e segurança no momento de definir suas metas. Feito isto, para que seja inovador, é fundamental encontrar em suas próprias atividades e responsabilidades desafios que impactem a estratégia e o *core business* da empresa em que atua. Assim, desenvolverá o que é conhecido por indicadores estratégicos de desempenho.

Exemplos de indicadores estratégicos de desempenho na área secretarial

A seguir, serão apresentados exemplos de metas S.M.A.R.T, dentro das quatro perspectivas do *Balanced Scorecard*, com indicadores estratégicos de desempenho, elaboradas por um profissional de secretariado executivo *C-level* de uma empresa multinacional.

Metas secretariais – indicadores estratégicos de desempenho	
Financeira	Reduzir 30% dos custos com viagens corporativas em 12 meses. Reduzir 25% dos custos em compras de materiais de escritório em 12 meses. Cumprir 100% do *budget* estipulado para eventos corporativos durante o ano fiscal. Aumentar, em 20%, a escrituração de notas fiscais pendentes de lançamento a cada semestre.
Cliente	Obter índice mínimo de 95% de satisfação geral dos executivos assessorados ao longo do ano fiscal. Gerenciar o tempo e os compromissos dos executivos de maneira lógica e estratégica, garantindo satisfação mínima de 95%. Obter índice mínimo de 95% na satisfação da equipe nos eventos corporativos realizados ao longo do ano fiscal. Realizar *feedback* 360° e obter um relatório de satisfação de pares e equipe com um mínimo de 95%.
Processos	Agilizar o tempo médio de *onboarding* em 30% nos próximos seis meses. Acompanhar o andamento das reuniões gerenciais mensais e sugerir, no mínimo, três melhorias a cada trimestre. Analisar, atualizar e disseminar os valores da política de viagens corporativas e reembolsos a cada novo ano fiscal. Redigir atas de reuniões com acuracidade de 100% e posterior distribuição mensal aos participantes.
Aprendizado e crescimento	Estabelecer três estratégias anuais para incentivar a participação dos colaboradores no Programa de Ideias e Inovação ao longo do ano fiscal. Realizar, no mínimo, dois cursos de reciclagem na área secretarial/gestão ao longo do ano fiscal. Sugerir, no mínimo, três temas de palestras para a Semana da Diversidade e Inclusão, realizando a gestão completa de contratação e pagamento dos fornecedores. Realizar *follow-up* dos lançamentos de periculosidade e garantir que cada gestor os realize antes do dia 15 de cada mês.

Após estabelecer as metas estratégicas, o profissional de secretariado deverá alinhá-las com as expectativas do executivo e, posteriormente, desdobrá-las em ações planejadas com cronogramas definidos. O acompanhamento dos resultados é tão relevante quanto o momento de análise e reflexão dos indicadores estratégicos.

Outro aspecto a ser considerado é a maneira de apresentar os resultados ao executivo. O sucesso dependerá de uma comunicação assertiva alinhada ao perfil dele.

Se o executivo apresenta alto grau de dominância, o profissional precisa ser objetivo em sua fala, focado nos resultados e utilizar *dashboards* e gráficos para demonstrar a evolução dos indicadores, bem como o quanto eles contribuem à performance dos negócios e do próprio executivo. Caso ele seja um influenciador nato, é necessário utilizar uma comunicação positiva, motivadora e focada no bem-estar do grupo, ressaltando que a equipe está sendo beneficiada com tais indicadores estratégicos. Se o assessorado é de personalidade estável, demonstre que as métricas contribuem para a segurança dos negócios e a estabilidade da parceria entre vocês. Por último, se o perfil for analítico, é relevante prezar pelos detalhes, o passo a passo de como os resultados foram atingidos e ressaltar que eles influenciam diretamente na qualidade dos negócios.

A estratégia é tão importante que, até mesmo no momento de comunicar os resultados, ela é primordial.

E quais são os benefícios dos indicadores estratégicos?

Quando o profissional de secretariado executivo atua de maneira estratégica, está engajado em atividades gerenciais, além de sua postura e seu discurso serem baseados na persuasão e em argumentos factíveis. Isso certamente eleva seu reconhecimento e valorização no ambiente em que está inserido. Ele atua de maneira holística, compreendendo os objetivos de sua organização, refletindo suas responsabilidades e estabelecendo metas reais e relevantes ao negócio.

Entretanto, o ponto crucial é que o próprio profissional tomará consciência de sua capacidade e do real valor que agrega aos negócios e aos executivos. Acreditar em sua capacidade de gerir, coordenar, controlar estrategicamente qualquer tarefa que lhe for confiada requer muito esforço e abandono total da zona de conforto. Faz-se necessário um novo olhar no momento de definir as métricas que vão nortear sua performance ao longo do ano fiscal. Ao aceitar o novo, incorporar a visão estratégica e apresentar, com dados e fatos, os resultados de seus esforços diários, elevam o profissional de secretariado executivo ao patamar que lhe é merecido.

Referências

DORAN, G. T. There's a S.M.A.R.T way to write Management's Goals and Objectives. *Management Review*, 1981.

FRANCISCHINI, P. G. *Indicadores de desempenho: dos objetivos à ação – métodos para elaborar KPIs e obter resultados.* Rio de Janeiro: Alta Books, 2017.

15

LIDERANÇA NO NOVO CENÁRIO

Liderança é uma das competências mais valorizadas no cenário corporativo. É o tema que mais oferece literatura e cursos de desenvolvimento. Mesmo assim, há escassez de líderes. Este capítulo procura ampliar a reflexão sobre os atuais conceitos de liderança, dando a conhecer as lições de líderes vencedores, e estimulando a prática da liderança humanizada e servidora.

BETE D'ELIA

Bete D'Elia

Contatos
www.betedelia.com.br
betedelia2@gmail.com
LinkedIn: Bete D'Elia
Facebook: @betedelia
Instagram: @betedelia
11 99690 5800

Tem experiência de mais de 20 anos como secretária executiva bilíngue de presidência e como instrutora, facilitadora em treinamentos, cursos e *workshops* para profissionais de secretariado e de gestão em consultorias, *in companies*, faculdades e entidades sindicais. Graduada em Português-Francês pela USP, pós-graduada em Desenvolvimento Humano, pelo Psyko Universal Instituto de Desenvolvimento. É *coach* com formação pelo IDHL – Instituto de Desenvolvimento Humano Lippi. Autora e organizadora do best-seller *Excelência no Secretariado*, entre outros livros voltados ao público secretarial e de gestão. Ganhadora do Prêmio Profissional de Secretariado do Ano, 2021, o "Oscar do Secretariado", realizado pela Universidade Federal da Paraíba. Coautora do projeto premiado na CONASEC de 2018 intitulado "Indicadores de Resultado para o Profissional de Secretariado" e coautora do projeto premiado na CONASEC de 2016 intitulado "Curso Preparatório para Docência no Secretariado".

> *Se as suas ações inspiram outras pessoas a sonhar mais,*
> *aprender mais e se tornarem mais, você é um líder.*
> JOHN QUINCY ADAMS

Liderança – evolução e contexto atual

O tema da liderança é apaixonante e ao mesmo tempo complexo. É o assunto que mais oferece literatura e cursos de desenvolvimento, mas há ainda uma significativa escassez de líderes no mundo empresarial. Algumas respostas podem explicar a grande carência dessa importante competência no cenário corporativo:

- liderança é uma escolha e não apenas um cargo da hierarquia organizacional;
- liderança é diferente de gerência, mesmo que muitos líderes acumulem também essa função;
- liderança exige entender de pessoas, a partir do próprio autoconhecimento;
- mesmo existindo muitos líderes natos, liderança é aprendida e treinável;
- liderança pressupõe um propósito de vida profissional e pessoal.

A nomenclatura de líder prolifera no organograma das empresas, mas, na essência, poucos profissionais exercitam a verdadeira liderança, que continua sendo um dos maiores desafios das empresas que desejam estar no *ranking* das vencedoras.

Mesmo que tenham produtos e serviços de qualidade, cultura sólida, planejamento estratégico inovador, profissionais tecnicamente preparados, os resultados ficam aquém dos esperados, justamente porque faltam líderes para estimularem as pessoas a se comprometerem e entregarem o seu melhor. Como já dizia Peter Drucker, "não se administram pessoas. A tarefa é liderar pessoas. E o objetivo é transformar as energias e o conhecimento de cada indivíduo em produtividade".

Se fizermos um retrospecto sobre o perfil da liderança antes da década de 1990, encontraremos características muito mais atreladas ao papel de gerente, com cargos distintos na hierarquia organizacional, com foco direcionado ao controle e à direção. Consequentemente, a relação com a equipe não contemplava o compromisso de inspirá-la e motivá-la à evolução, nem a agregar valor ao trabalho.

A partir dos anos 1990 e, principalmente, no início do século XXI, a liderança ampliou o seu leque de atuação, somando maior responsabilidade junto aos colaboradores. Ser líder passou a ser uma condição *sine qua non* a todos que lidam com pessoas, independente do cargo exercido.

Grandes nomes da Administração contribuíram, com muita propriedade, para o conceito atual da liderança, compatível com as necessidades das empresas. Tom Peters, com toda a sua irreverência e comprovada competência, em maio de 2001, já citava na *Revista Você S.A.* 50 características desse novo líder. De maneira clara e evidente, Tom Peters combinou na maioria delas a relação harmoniosa entre competência técnica e humana, somadas à missão de servir e ser útil. Em algumas, destacou a competência humana.

Para ilustrar a afirmação, escolhemos cinco delas, que continuam atuais e desafiadoras àqueles que desejam liderar.

1. Líderes entendem o poder supremo dos relacionamentos.
2. Liderança é desempenho.
3. Líderes sabem que podem fazer a diferença.
4. Líderes confiam na confiança.
5. Líderes criam um sentido para as coisas.

Outra definição que continua retratando o pensamento das empresas de vanguarda e dos líderes vencedores está no best-seller *O monge e o executivo*: "Liderança é a capacidade de influenciar pessoas para trabalharem **entusiasticamente** na busca dos objetivos identificados para **o bem comum**" (grifos meus).

Pode parecer simples conseguir o entusiasmo dos liderados e a consciência de que o bem comum é o grande resultado. Porém, onde não há líderes, é mais fácil coexistirem a zona do conforto e o mero cumprimento dos deveres. Poucos se sentem parte da visão e da missão da empresa, entregando só o obrigatório, não contribuindo para que a organização seja competitiva e figure entre aquelas que querem a perenidade.

Mais do que nunca, o espaço está aberto para acolher líderes que sejam exemplo, imprimindo pensamentos positivos aos seus times e empoderando as pessoas para serem realizadoras e corresponsáveis pelos resultados das companhias em que atuam.

A importância da liderança e dos líderes para o sucesso e permanência das empresas

A um chefe, você obedece. Um líder, você segue, procura e admira.
MÁRIO SÉRGIO CORTELLA

O dinâmico mundo dos negócios, marcado por mudanças constantes, evolução diária da tecnologia, transformação veloz do mercado, novo perfil e posicionamento do cliente demanda que o líder contemple vários papéis, tais como o mentor, o *coach*, o servidor, o realizador e o facilitador, entre outros.

Há um consenso de que os resultados e a produtividade são melhores e maiores numa gestão humanizada, que se pauta por um ambiente de trabalho agradável, colaboradores satisfeitos, que forneça suporte emocional, considerando cada profissional como único, em que os líderes são acessíveis e os recursos necessários são disponíveis, havendo incentivo para a criação de vínculos de confiança entre as pessoas.

Na gestão humanizada, o líder respeita e ouve a sua equipe, comunica-se com transparência, aceita e adapta as opiniões quando contestado e toma decisões a favor da organização e não do seu cargo.

Conforme Barack Obama, "para ser um bom líder, você não precisa saber todas as respostas. Basta fazer as perguntas certas, ter pessoas melhores que você no time, servir e valorizar pessoas". Com certeza, esse líder aprendeu a colocar o ego no lugar adequado. Bernardinho, o técnico campeão da seleção brasileira masculina de voleibol, ensina que é necessário demitir o ego diariamente, para priorizar e dar voz ao seu propósito.

A liderança servidora, da qual Sérgio Buaiz é um dos precursores, se mostra ainda como um grande desafio, um tratado para a reflexão e uma meta a ser alcançada pelos líderes que acreditam que o principal objetivo é servir. O seu texto é uma obra-prima sobre o tema e merece ser lido e estudado profundamente na íntegra.

É imperativo conhecer um pequeno trecho, como um convite e um compromisso para a prática, o que, sem dúvida, provocaria uma grande revolução em todo o ambiente de trabalho, gerando uma energia capaz de transformar o caos em um local de cooperação, trocas, integração, constante inovação, solução de problemas antigos e novos, com benefícios coletivos para todos os envolvidos.

Para liderar grupos heterogêneos, o líder servidor aceita a diversidade como riqueza e promove o que cada um tem de melhor. Promove o crescimento conjunto como objetivo maior. É um eterno aprendiz. Ao compartilhar o que pensa e sente, interage com os outros, acumulando novas experiências.

A liderança servidora pressupõe estabilidade emocional, estratégia e firmeza de princípios. O líder servidor assume inteiramente a responsabilidade sobre os seus atos. Admite quando erra e pede desculpas, abrindo espaço para que os outros façam o mesmo quando sentirem necessidade. Medita e cura suas feridas antes de seguir em frente, pois sabe que as reações de um líder não podem ser afetadas por qualquer adversidade (BUAIZ, 2018).

Que este capítulo seja um disseminador da liderança servidora, tão necessária pela vulnerabilidade do mundo global.

A liderança feminina

> *O afinco com que o líder trabalha e a maneira como trata as pessoas sempre serão imitados.*
> JACK WELCH

É imprescindível ressaltar a importância da liderança feminina e sua vital contribuição para o modelo atual. Afinal, ela já mostrou a que veio e conquistou seu merecido espaço no mundo, no cenário corporativo e na sociedade. Está presente em todos os segmentos de negócio, de forma expressiva, comprovando sua competência e habilidade em igualdade de condições com o líder masculino.

Mesmo que o reconhecimento já seja uma realidade inconteste, há ainda algumas diferenças a serem diminuídas, principalmente na equiparação salarial e na equidade da oferta de cargos de CEO e similares nas organizações.

Tom Peters é um grande admirador da liderança feminina e atribui parte do seu sucesso ao fato de contratar mulheres. Segundo Tom, elas têm uma capacidade de aprendizagem muito superior à dos homens e características pessoais que atendem aos requisitos da economia atual.

Os pilares da liderança feminina estão conectados aos modelos vencedores da atualidade, já que as mulheres:

- têm mais flexibilidade e apostam no *empowerment*;
- entendem de relacionamentos e são facilitadoras do processo de gestão;

- confiam mais nas pessoas;
- são determinadas e criteriosas;
- investem mais na capacitação;
- cumprem prazos e mantêm foco nos objetivos e metas.

A liderança feminina continua sua escalada de crescimento, desbravando, com coragem e ousadia, áreas que no passado só eram ocupadas por homens. Essa trajetória de evolução promete muito, porque não há limite para a mulher consciente do seu poder de realizar, agregar e somar.

A liderança do profissional de secretariado

Liderança não é cargo. É postura.
ERIKA LINHARES

O título deste livro nos remete a "um novo olhar" para esse importante aspecto da profissão: o espaço para o exercício da liderança e a capacidade de desenvolver, com excelência, essa competência, por, essencialmente, lidar com pessoas em um dos pilares da atuação.

Por ser formador de opinião, o profissional de secretariado tem a grande oportunidade de ampliar o seu papel como agente facilitador, fomentando o modelo da liderança contemporânea, aliado à liderança servidora. O profissional de secretariado, na polivalência do seu papel, já atua como líder indireto, que é inerente ao papel de assessoramento.

Como porta-voz dos gestores, está explícita uma série de atividades junto à equipe dos executivos que, normalmente, têm uma posição superior na hierarquia. Ações como informar dados, solicitar demandas, fazer *follow-up* de providências e outras fazem parte dessa liderança.

Ainda que o profissional de secretariado esteja ao lado do poder decisório, nem sempre foi capacitado para essa função, portanto há o perigo do uso inadequado de poder se não houver consciência de uma das mais importantes atribuições, que é ser ponte. Na liderança indireta, o profissional de secretariado deve usar o seu poder, e não o do seu gestor.

No livro *O monge e o executivo*, há um ensinamento básico que pode orientar o líder secretário a exercer a sua liderança, com qualidade, sem prejuízo à relação de hierarquia: "O líder usa de autoridade e não de poder. Poder é algo que qualquer um pode ter com o cargo. Autoridade se conquista, com competência humana e técnica" (HUNTER, 2004).

Liderança direta

Muitos profissionais secretários têm na sua equipe assistentes, copeira, motorista e profissionais de cargo similares, praticando a liderança direta, agregando esse importante papel de assessoria aos gestores e à empresa.

Para tal, é importante que represente para esses colaboradores o perfil de líder que influencia positivamente, estimulando e motivando a equipe a crescer pessoal e profissional.

Na estrutura organizacional atual, há empresas que contam com um *pool* de secretários, que demanda também um líder secretário para a coordenação. Essa competência é desafiadora e necessita de capacitação, experiência e atualização permanente.

Existe esse espaço fértil para o líder secretário sedimentar, bem como se tornar referência no tema. Há também a excelente oportunidade de estimular a parceria na liderança, diminuir a distância entre líderes e liderados, aperfeiçoando a comunicação e otimizando os resultados empresariais.

O líder secretário é uma realidade e pode, com a sua posição estratégica, contribuir para a incorporação da liderança humanizada, proporcionando que a felicidade e o bem-estar sejam partes integrantes do trabalho.

Referências

AS LIÇÕES de liderança de Tom Peters. *Revista Você S.A.* Maio, 2001.

DINIZ, A. Liderança servidora. *Revista Vencer.* ed. 55.

HUNTER, J. C. *O monge e o executivo.* Rio de Janeiro: Sextante, 2004.

KRAMES, J. A. *Os princípios de liderança de Jack Welch.* Rio de Janeiro: Sextante: 2005.

LIDERANÇA feminina. *Revista HSM management.* ed. 43, Abril, 2004.

PORTELA, K. C. A.; PORTELA, A. S. *Gestão secretarial: o desafio da visão holística.* Cuiabá: Adeptus, 2009.

16

HARD & SOFT SKILLS

As seleções são feitas pelas habilidades técnicas, mas são as habilidades emocionais que manterão e elevarão os profissionais a outros patamares dentro das organizações. A preparação técnica é o filtro numa seleção às cegas. Apresentar soluções inteligentes, criativas e inovadoras, construir uma rede de relacionamentos madura e forte alavanca qualquer profissional rumo ao topo das organizações.

RACHEL GOMES

Rachel Gomes

Contatos
rachelcramos@hotmail.com
LinkedIn: https://bit.ly/3WdSHou
Instagram: @rachelcramos

Secretária executiva bilíngue *C-level* há mais de 23 anos, cosmopolita, carioca que vive em São Paulo, teve atuação profissional também em Mato Grosso do Sul, como instrutora para cursos técnicos profissionalizantes na disciplina de Empreendedorismo e Administração e como professora concursada de idioma inglês no Sistema FIEMS – SESI, SENAI. Administradora inscrita no CRA-RJ; MBA executivo em Gestão Empresarial pela Universidade Cândido Mendes-RJ; curso de extensão em SQVT – Saúde e Qualidade de Vida no Trabalho pela FGV-RJ; Certificação ACEA® – *Advanced Certificate for the Executive Assistant,* pela BMTG UK; Certificação Internacional em Gestão – WLP (*Women's Leadership Program*), pela StartSe University; empreendedora em assessoria executiva para a alta liderança, consultoria em perfil de liderança e eventos corporativos. Palestrante sobre Perfil de Liderança na Assessoria Executiva; *profissional destaque visão de futuro*, ExpoSec 2022.

Em um mundo competitivo, em que o sucesso profissional encontra-se entre os sonhos ou objetivos de vida das pessoas, torna-se natural o incentivo de crescimento na carreira, o que envolve conquistar oportunidades, promoções ou recolocações no mercado.

Entender o contexto é fundamental, afinal vivemos em um mundo dinâmico, o que exige, daqueles que se propõem a enfrentar qualquer carreira, entender as atuais necessidades do ambiente no qual está inserido. O sucesso não pode mais ser entendido como o saber fazer, carecendo do fator determinante do saber motivar. Um bom profissional domina com excelência suas técnicas, porém, para ser diferenciado, é preciso ser capaz de se inserir em um contexto maior, fazendo a engrenagem girar de forma mais eficiente, seja atuando como propulsado ou propulsor. Aqui, é fundamental não perder de vista as habilidades que estão sendo demandadas.

Um profissional mais completo não se traduz apenas na certificação em determinada área ou áreas. Entende-se, numa visão mais ampla, como articulador da competência profissional com a capacidade de demonstrar atitude, zelo e atenção aos detalhes.

Nas descrições de vagas de emprego, é comum ver a exigência de uma combinação de vários tipos de habilidades. Afinal, são necessárias para uma performance de sucesso e para conquistar posições mais avançadas, com uma postura que faz com que muitos profissionais sejam vistos como pessoas responsáveis e que estejam sempre à frente de tarefas e compromissos, e chamando a responsabilidade para si.

É importante desenvolver o conceito de performance, tendo em vista sua grande difusão nos setores de capital humano de grandes empresas, traduzindo as virtudes de seus bons funcionários. O que seria, então, um profissional de alta performance? Aquele que obtém os resultados necessários, realizando com eficiência suas atribuições, medindo dessa forma o seu desempenho, analisando a execução das tarefas e tomando consciência dos resultados obtidos por meio delas.

Ao tratar das melhores oportunidades, é necessário diversificar e ampliar as habilidades que constarão em seu currículo, que fatalmente ampliarão o campo de ofertas ao demonstrar tanto suas habilidades técnicas como a capacidade de lidar com desafios, de comunicar-se e ter retidão nas atitudes, atingindo em cheio o que as empresas mais valorizam atualmente.

O mercado exige cada vez mais perfis profissionais completos, e aqui será desenvolvido o que podemos encontrar dentro desse conjunto de exigências que se complementam e permitem uma atuação mais ampla: as *soft skills* e as *hard skills*.

Soft skills e *hard skills* são um conjunto de habilidades técnicas e comportamentais que ajudam o profissional a se destacar no mercado. Enquanto as *hard skills* são relacionadas ao conhecimento técnico específico da profissão, as *soft skills* são características próprias de perfil, mais ligadas ao comportamento.

Em um currículo, as *hard skills* aparecerão nas áreas em que se possui certificados e as *soft skills* seriam aquelas características que ajudam a construir melhor relacionamento com colegas, lideranças e clientes, por exemplo.

As *soft skills* são traços de personalidade relevantes, habilidades sociais autodesenvolvidas que aumentam a capacidade do indivíduo de realizar seu trabalho. Geralmente, são adquiridas por meio de experiências de vida e de trabalho, podem ser aplicadas a uma série de funções e estão em demanda em diferentes mercados. Esses atributos pessoais ajudam a prosperar no local de trabalho, independentemente de seu nível de conhecimento, função ou setor e são mais difíceis de serem mensuradas. Tal competência possui fundamental importância em diferenciar cada pessoa. Geralmente são consideradas pessoas autoconfiantes, persistentes, motivadas e capazes de autocontrole. Essas qualidades podem ser importantes para todos os cargos ou tipo de atividade, outras fazem mais sentido em determinadas profissões.

As *hard skills* são o conhecimento e as habilidades técnicas específicas de um trabalho, relevantes para o desempenho de funções de maneira eficaz em cada cargo e nível profissional. Ou seja, cada posição em uma empresa exigirá uma lista exclusiva de *hard skills*. São os guias das atividades, indicando maestria e *expertise* para a realização de tarefas. São consideradas pré-requisitos em muitas profissões para que as responsabilidades sejam atendidas com segurança e qualidade. Elas podem ser desenvolvidas por meio de educação formal, especialização, cursos de extensão e treinamentos, cuja mensuração é mais fácil, por exemplo, por meio de certificações.

As diferenças entre *soft skills* e *hard skills* são claras: enquanto um tipo de habilidades se aplica a diversas profissões e é desejável para os mais diferentes cargos, o outro é próprio de determinadas atividades, podendo ser habilidades mensuradas e aprendidas mais facilmente.

Mais difíceis de serem treinadas, as *soft skills* incluem habilidades como caráter, capacidade de trabalhar em equipe, relacionamentos, comunicação transversal, compreensão geral e participação na cultura da empresa.

Já as *hard skills* englobam habilidades técnicas conforme as exigências do nível hierárquico de atuação, como excelente escrita, domínio de idioma estrangeiro, tecnologia, uso da inteligência artificial, entre outras ferramentas.

No momento da contratação de um profissional de secretariado, seja júnior, pleno ou sênior, as *soft skills* e *hard skills* são necessárias para que cada profissional desenvolva bem suas atividades serão distintas.

Enquanto um profissional de secretariado júnior precisa ter domínio sobre as rotinas administrativas, um profissional de secretariado sênior necessita dominar a didática e conhecimento daquilo que ensinará aos juniores, além da habilidade de liderança e comunicação assertiva.

Exemplifico

Algumas *soft skills* são necessárias nos mais diferentes níveis de atuação do secretariado, como boa e clara comunicação e bom relacionamento com pares, lideranças, colaboradores, clientes e fornecedores. Outras são desejáveis de acordo com o tipo de atividade, como capacidade de colaboração para posições que envolvem muito trabalho em equipe ou bom *networking* para posições relacionadas à alta liderança, por exemplo. Habilidades de liderança e de resolução de conflitos são indispensáveis para profissionais *C-level*, que comandam um time ou setor.

Isso vale para as *hard skills*, e um profissional de secretariado de nível júnior precisa ter conhecimento e habilidades técnicas de formação regular, já um profissional de nível sênior necessita ter especialização em outras áreas mais abrangentes do negócio em que atua.

As *soft skills* são uma combinação de habilidades sociais, características pessoais e qualidades profissionais. Algumas das mais exigidas na atualidade são:

- adaptabilidade;
- comunicação assertiva;
- criatividade;
- diplomacia;
- empatia;
- escuta ativa;
- ética;
- flexibilidade;
- inteligência emocional;
- liderança;
- pensamento crítico;
- inovação;
- trabalho em equipe.

Tais habilidades envolvem um fator primordial na boa condução de atividades: o humano. Aquele que domina tais habilidades sociais apresentadas provavelmente destaca-se por possuir um conjunto estável de preferências e tendências com as quais encaramos o mundo. Não se pode esquecer de que todos admiram coerência, elegância e senso de justiça, muito mais do que genialidade, soberba e arrogância.

As *hard skills* estão relacionadas a um campo específico e exigem conhecimentos próprios de acordo com cada nível de atuação. Alguns exemplos incluem:

- cursos técnicos e/ou superior em Secretariado;
- pós-graduação, extensão, MBA em gestão;
- treinamentos, congressos, fóruns e atualizações em Secretariado;
- proficiência em língua estrangeira – inglês e espanhol;
- gestão de eventos;
- gestão de viagens;
- finanças;
- gestão de pessoas;
- governança corporativa;
- inclusão e diversidade;
- metodologias ágeis;
- normas ISO;
- sustentabilidade;
- auditoria;
- *Big Data*.

O que é mais importante: *soft skills* ou *hard skills*?

Quase todos os empregos exigem *hard skills* e as empresas sabem que excelentes funcionários têm outro conjunto de habilidades mais difíceis de se cultivar, as *soft skills*. É claro que um profissional deve ter no mínimo o conhecimento e as habilidades específicas necessárias para desenvolver seu trabalho. Mas aqueles que se destacam geralmente oferecem qualidades adicionais, como a habilidade de se comunicar de forma assertiva, de conviver, colaborar com colegas e de gerenciar seu tempo, que são as *soft skills*.

Na verdade, não é uma questão de uma ou outra, mas sim de conjugar ambas. Demonstrar um bom *mix* de habilidades no seu currículo é vital. Dessa forma, as empresas entenderão que você não apenas é qualificado para a função, como também está preparado para lidar com outros fatores do dia a dia organizacional.

As *hard skills* ajudam na identificação dos melhores candidatos para a vaga, na teoria, e as *soft skills* indicam quais deles têm também bons perfis profissionais. Enquanto as *hard skills* demonstram toda a sua técnica e conhecimento e levam o candidato até a entrevista, as *soft skills* o ajudarão a conquistar a vaga e manter seu emprego.

Afinal, o profissional de secretariado com excelente capacidade técnica, mas que não consegue trabalhar em equipe, fatalmente perderá a vaga para alguém com menos experiência ou treinamento, mas que saiba cooperar com o time e bom ambiente organizacional.

O sucesso é treinável

Como vimos, as *hard skills* são desenvolvidas por meio de educação formal, cursos, treinamentos, graduações, mestrados, doutorados e atividades práticas que conferem a experiência necessária para cada nível de atuação. Adicionalmente, desenvolve-se também com EaD – educação a distância, literatura, mentorias, *coach, workshops*, seminários, fóruns, congressos, grupo de estudo etc.

Já as *soft skills* são características arraigadas de um indivíduo, o que não quer dizer que não possam ser aprendidas e cultivadas ao longo da vida por meio de experiências pessoais e profissionais, além de estudo. Por exemplo, se você tem dificuldade de trabalhar em equipe, mas o emprego dos seus sonhos requer essa habilidade, pode desenvolvê-la com atividades em grupo ou até mesmo a prática de um esporte de time ou um jogo de *escape room*.

Se sua dificuldade é se comunicar de forma eficiente e clara, por exemplo, você pode participar de grupos de discussão ou observar como lideranças e pares que dominam essa técnica se posicionam para assim aprender com eles, além de ler muito sobre esse assunto. Tal habilidade é importante para praticamente todo trabalho que o secretariado se propõe a desenvolver. Transmitir ideias com clareza é um pilar fundamental em qualquer cadeia de atuação. Em contrapartida, como parte da engrenagem, é importante se lembrar de ouvir e entender o que é dito.

Praticar a autorreflexão, autoconhecimento, autodesenvolvimento, reservar um tempo para avaliar suas ações e posicionamento diante de cada situação, especialmente as problemáticas, é um excelente caminho para a busca pelo entendimento de si mesmo. As pessoas possuem vieses inconscientes, possuem as próprias experiências, desejos, motivações e opiniões. É preciso entender qual caminho será percorrido, por que será percorrido e o motivo para isso. A proposta da autorreflexão e autoconhecimento é fundamental para que se entenda o seu momento atual e obtenha uma adequada visão de futuro.

Frequentemente, passamos de uma atividade para outra sem pensar em como nos apresentamos ou agimos, mas essa reflexão pode trazer observações surpreendentes sobre nosso comportamento e ajudar a melhorar as habilidades sociais com o tempo.

Outra forma de se trabalhar as *soft skills* é sair da zona de conforto, vivenciando ambientes e situações nas quais não gravitamos com naturalidade, como uma pessoa introvertida participando de dinâmicas de grupo para melhorar as habilidades sociais. Para isso, é necessária muita coragem de adentrar algo desconhecido, abandonando a sensação de segurança. Porém, não há outra forma de evoluir. Coragem é a palavra de ordem para explorarmos a zona do desconhecido e crescermos exponencialmente.

Por incrível que pareça e a despeito da polaridade com que se tratou as *soft skills* e *hard skills* até o momento, ambas estão intimamente ligadas e são interdependentes. Ao imaginar um profissional de secretariado que sempre buscou ampliar seu currículo com novas capacidades técnicas, antes mesmo de identificar valor agregado às suas *hard skills*, é preciso reconhecer sua coragem em buscar novos conhecimentos e seu autocontrole emocional ao lidar com o novo, com desafios, com adversidades.

E aí, você realmente é um profissional de secretariado diferenciado?
Reflita sobre isso.

Referências

CAMPOS, K. *Soft skills e hard skills: o que são, exemplos e como desenvolvê-las.* Disponível em: <https://www.linkedin.com/pulse/soft-skills-e-hard-o-que-s%C3%A3o-exemplos-como-kiko-campos/>. Acesso em: 26 set. de 2022.

GEIGER, P; GOLEMAN, D. *Inteligência emocional: as melhores práticas para você desenvolver as habilidades centrais para seu sucesso no trabalho e em seus relacionamentos.* Rio de Janeiro: Sextante, 2019.

17

GESTÃO DE CARREIRA E *LIFELONG LEARNING*

A gestão de carreira é um instrumento estratégico que possibilita que a empresa obtenha um nível de contribuição esperado de seus colaboradores. A aprendizagem contínua é essencial como peça-chave na gestão da carreira do profissional. Para gerenciar sua carreira, é preciso elaborar um plano, ter um objetivo bem definido, decidir aonde deseja chegar, utilizar recursos e talentos.

ENEIDA GONÇALVES MASTROPASQUA E NEUSA ARNEIRO

Eneida Gonçalves Mastropasqua

Contatos
Lattes: lattes.cnpq.br/6651745105514525
mastropasquaeneida@gmail.com
LinkedIn: Eneida Gonçalves Mastropasqua
Instagram: @mastropasquaeneida

Consultora de Carreira, mentora, *master coach*/PNL, sócia-diretora da New Consultoria *Jobhunter, headhunter*. Docente há mais de 15 anos nos cursos de graduação e pós-graduação, pedagoga, bacharel em Direito com MBA em Gestão Estratégica de Pessoas. Há mais de 20 anos, atua em empresas multinacionais. Coautora do livro *As incríveis* (2022).

Neusa Arneiro

Contatos
narneiro@yahoo.com.br
LinkedIn: Neusa Arneiro
Instagram: @neusaaneiro

Consultora, pedagoga pela FMU, especialista em Treinamento e Desenvolvimento de Pessoas, cursos de Secretariado no Brasil e no exterior (Portugal, EUA, Turquia e Peru). Sólida experiência em secretariado executivo, com 30 anos de vivência em multinacionais de diferentes segmentos (alimentos, açúcar, etanol e bioenergia), assessorando *C-Levels* (CEO, VPs e Diretores). Sócia da New Consultoria Jobhunter&Headhunter.

Introdução

A palavra "carreira" origina-se da expressão latina *via carraria*, que significa "estrada para carros". Somente a partir do século XIX, passou-se a utilizar o termo "carreira" para definir a trajetória da vida profissional. Durante muito tempo, o conceito de carreira esteve ligado a essa ideia de estrada e a carreira era entendida como uma propriedade estrutural das organizações ou das ocupações.

É natural que seja cada vez mais frequente a preocupação com a qualificação profissional e com a gestão de carreira, que passam a ser determinantes no processo de empregabilidade. Nesse dinâmico cenário organizacional, as empresas buscam contratar profissionais que sejam gestores das próprias carreiras e que apresentem características como: flexibilidade, capacidade de aprendizado contínuo e multifuncionalidade. Para gerir a carreira como uma empresa, os profissionais necessitam de uma postura aberta ao autodesenvolvimento, isto é, precisam sempre adquirir novas competências.

Gestão de carreira

Gestão de carreira é um conjunto de práticas que têm como objetivo a estruturação de um caminho para guiar a trajetória profissional de um indivíduo, é um processo que envolve ações de planejamento que visam ao desenvolvimento profissional **de médio a longo prazo**, o qual está de acordo com as diretrizes de uma empresa e/ou dos anseios do próprio indivíduo. É comum que nesse processo sejam traçadas trajetórias de carreira, fazendo com que o profissional tenha perspectiva de desenvolvimento.

Planejar carreira não é simplesmente planejar "subir de cargo", é necessário todo um esforço e dedicação para merecer o posto almejado. Ter experiência, buscar o aprendizado constantemente, desenvolver competências e ter empregabilidade devem fazer parte dos planos. É uma importante entender as particularidades, iniciando pelos pontos fortes, que precisam ser potencializados, e os que devem ser aprimorados.

Gerenciar a carreira é tomar decisões adequadas para solucionar problemas relativos à vida profissional. Esse processo envolve conflitos entre desejos e possibilidades, custos e benefícios. E paciência é uma das palavras-chave para planejar carreira. Tudo deve ser feito devagar, pois o resultado chega lentamente de acordo com seu comportamento e suas ações; não se esquecendo de que se deve ser um bom profissional para que a chefia conceda a promoção desejada.

A Gestão de Carreira permite a mensuração da evolução com maior foco e comprometimento com o progresso, oferecendo estímulo e instrumentalização das pessoas para pensar suas carreiras e seu desenvolvimento profissional e pessoal.

Alguns pensadores afirmam que, se o ser humano trabalhar naquilo que ama, nunca precisará trabalhar um dia sequer na vida. Isso porque, se trabalhar em uma área ou cargo que vai ao encontro de sua vocação, que lhe dê prazer e lhe satisfaça, não haverá nenhum sacrifício ou peso, muito menos se culpará a empresa ou os chefes por suas frustrações.

Benefícios da gestão de carreira para o profissional:

- autocontrole sobre a carreira;
- informações importantes sobre o mercado;
- autoconhecimento;
- crescimento mais assertivo;
- facilidade de realizar *networking*;
- mais determinação;
- aumento da motivação.

Benefícios da gestão de carreira para a empresa:

- diminuição da rotatividade;
- aumento da produtividade dos colaboradores;
- equipe mais organizada;
- preparação da empresa para novos desafios de capacitação;
- diminuição do índice de insatisfação, ajudando a inteligência emocional;
- estimulo à determinação das equipes e do desenvolvimento;
- melhoria do clima organizacional.

Para fazer uma gestão de carreira, inicie com planejamento tangível

Não seja ambicioso a ponto de achar que sairá de estagiário para chefe da empresa na qual você trabalha em um ano. É preciso inicialmente pensar pequeno, mas de forma articulada.

O planejamento traz mais tranquilidade, foco e uma visão mais clara dos caminhos que se pode percorrer para alcançar aquilo que deseja. Cumpra seu planejamento, gerencie bem o seu tempo, evite distrações e não procrastine. Defina suas prioridades, delegue o que for possível e não deixe as pequenas conquistas passarem batido. Elas vão ajudá-lo a manter o foco. Tenha resiliência; muitas vezes as coisas não vão sair como se esperava. Refaça, replaneje, se reinvente, mude a rota, mas não desista. Não confunda esforço com resultado.

Tenha foco em estudo e formação

A Gestão de Carreira vai proporcionar a reunião de informações importantes sobre o mercado. E é nesse momento que você deve aproveitar e ampliar as suas competências. Isso quer dizer que deve se orientar por cursos de pós-graduação ou MBAs e até mesmo doutorado.

Se tem pouco tempo disponível para estudar, vale a pena realizar cursos livres. Embora sejam de curta duração, apresentam conteúdo rico e atualizado. Tendo uma formação mais especializada, você consegue alcançar seus objetivos profissionais com maior agilidade. Consequentemente, conseguirá ocupar cargos mais altos e ter salários melhores.

Como definir objetivos com a metodologia SMART na gestão de carreira

A metodologia SMART trabalha e desenvolve uma série de habilidades que são fundamentais para a gestão de carreira. Autonomia, inteligência emocional, comunicação pessoal, empatia, raciocínio lógico e organização são alguns exemplos. A metodologia define que suas metas devem ser:

- **específicas:** metas genéricas estão completamente fadadas ao fracasso;
- **mensuráveis:** definir valores é importante para saber se você está no caminho certo;
- **alcançáveis:** as metas e objetivos não devem ser irreais.

Antes de estabelecer um plano de ação para gerir a própria carreira, é importante identificar alguns comportamentos:

1. O primeiro comportamento está relacionado ao aprimoramento da percepção sobre as próprias expectativas profissionais. O autoconhecimento é fundamental no processo de gestão de carreira, uma vez que não existem fórmulas infalíveis para construir uma carreira de sucesso.
2. O segundo comportamento consiste em alinhar as atribuições profissionais atuais com os novos paradigmas empresariais exigidos, porque nem sempre faremos apenas o que gostaríamos de fazer. Isso consiste em sempre lembrar que a carreira não é uma estrada lisa, plana, sem curvas e obstáculos; pelo contrário, aborrecimentos momentâneos poderão servir de lição para que, no futuro, desenvolvamos planos de contingências que nos auxiliem a conviver com os imprevistos e as contrariedades.
3. O terceiro comportamento se baseia na habilidade de elaborar uma estratégia particular para competir no mercado. Como profissionais competentes, devemos exibir no mercado de trabalho muitas das virtudes que possuem os melhores estrategistas nos campos de batalha.

O estímulo ao planejamento da carreira tem sido um importante instrumento para as pessoas serem empreendedoras de si mesmas. Não se resume a momentos episódicos em nossas vidas, pois somos a todo momento confrontados com as mudanças no ambiente à nossa volta e com mudanças em nós mesmos.

Os 4P's da gestão de carreira

Protagonismo – Faça a diferença na empresa ou organização em que está trabalhando, procure florescer onde está plantado. As pessoas reconhecem quem produz, quem gera resultados. Busque ser relevante e, para isso, é preciso ter excelência para assim ser referência.

Paixão – Trabalhe com paixão e com coisas que encantem. Isso faz com que os outros vejam o brilho nos seus olhos e alegria em suas palavras. E quando as pessoas enxergam isso, elas se encantam e te seguem.

Propósito – Tenha um propósito. Isso dá sentido à vida e faz as pessoas enxergarem razão em suas ações e em tudo o mais a que você se dedica. Quando há propósito, há significado no que fazemos. A vida só é relevante quando se vive com propósitos relevantes.

Performance – Tente sempre dar o seu melhor em cada demanda, procure sempre melhorar os resultados para a organização na qual está inserido. Ao se esforçar para ter essa atitude, naturalmente terá consequências boas.

O que é *lifelong learning*?

O *lifelong learning* surgiu na década de 1970, mas foi em 2010, com a publicação de um relatório da Comissão Internacional sobre educação para o século XXI, da UNESCO, que o conceito começou a ser difundido com intensidade. É o aprendizado contínuo e o desenvolvimento de habilidades mesmo após a conclusão da educação formal: aprimoramento, aprendizado e crescimento contínuo. Estar em constante estado de aprendizado e aperfeiçoamento é o que torna um profissional realmente diferenciado, já que será capaz de promover maiores inovações em suas atividades.

O conceito de *lifelong learning* aplicado à carreira

É a aprendizagem ao longo da vida, de forma voluntária, proativa e permanente. É a prática de nunca parar de estudar e aprender, é considerado um aprendizado pós-acadêmico. É o hábito de continuar adquirindo novos conhecimentos mesmo depois da conclusão do curso de graduação; ser um constante aprendiz.

Objetivos do *lifelong learning*

- Estimular a prática de estudos depois da conclusão da formação profissional ao longo de toda a sua vida;
- incentivar uma educação contínua, expandindo esse aprendizado de uma forma que não esteja atrelado àquela educação clássica e obrigatória com ensino fundamental, médio e superior, que nos é passada;
- estimular a vontade própria para se buscar esse conhecimento ao longo da vida de maneira mais voluntária e proativa, sem ser obrigada a isso.

Vantagens do *lifelong learning*

- Atualizar-se com as novas descobertas do seu ramo e do mundo;
- aumentar oportunidades de emprego, pois hoje as empresas buscam profissionais cada vez mais bem-informados;
- desenvolver habilidades comportamentais que impactarão também a sua vida pessoal, além da profissional;
- estimular a criatividade, auxiliando a resolução de problemas, com mais agilidade e de maneira mais eficaz, e muitos outros benefícios.

Os 4 pilares do *lifelong learning*

- Aprender a conhecer: o primeiro pilar refere-se à obtenção do conhecimento a partir de uma postura questionadora, pautada no pensamento crítico e na reflexão sobre os temas;
- aprender a fazer: é o aprendizado "mão na massa", com desenvolvimento de habilidades como o trabalho em equipe, a boa comunicação, a proatividade e desafios;
- aprender a conviver: o terceiro pilar diz respeito ao desenvolvimento da empatia e da interação com o próximo como forma de troca de conhecimento;
- aprender a ser: como o termo sugere, é o aprendizado focado no modo de agir. Preza-se o desenvolvimento da autonomia para o aprendizado.

Como aplicar o *lifelong learning*

- Descobrir quais são os seus interesses de conhecimento e investir em cursos, *workshops*, palestras etc. para se qualificar profissionalmente;
- implementar rotinas no seu dia a dia que auxiliem o desenvolvimento de uma mentalidade de *lifelong learning*;
- planejar o que estudará e a forma que será feito. Isso auxiliará a criar hábitos de estudos continuados que, posteriormente, acontecerão de forma natural;
- inserir formas de adquirir novas informações nas suas atividades de lazer, como ouvir um *podcast*, optar por jogos que transmitem algum conteúdo educacional, ler livros, entre outros.

Lifelong Learning na prática

1. Qualifique-se e mantenha-se atualizado

Ensino adquirido durante a graduação se torna defasado ao longo do tempo, principalmente frente às inovações do mercado. É preciso aprofundar os conhecimentos e criar bases sólidas na educação.

2. Pense fora da caixa

Abandonar os padrões que limitam seu pensamento e expandir a criatividade.

3. Identifique pontos de melhorias

Para traçar uma estratégia de aprendizagem contínua e melhorias de habilidades, é preciso conhecer, a fundo, quais são eles. A partir dessas informações, você poderá se conhecer melhor, saber o que pode ser aprimorado e criar um caminho assertivo para alcançar tais objetivos.

4. De olho nas tendências

É fundamental estar sempre por dentro das principais tendências do mercado, a fim de se manter competitivo. Tente conversar com especialistas da sua área, ficar por dentro de pesquisas e aprender novas habilidades para melhorar os *insights*, como a análise de dados.

5. Crie uma rotina

A rotina é algo extremamente vantajoso para o bem-estar e o crescimento pessoal e profissional. Crie um compromisso diário com o *Lifelong Learning*.

Conclusão

Por meio do *Lifelong Learning*, nossa capacidade de tomada de decisão se fortalece, uma vez que o conhecimento abre nossas possibilidades de carreira.

Referências

DUTRA, J. S. *Gestão de carreiras na empresa contemporânea*. São Paulo: Atlas, 2010.

MARTINS, H. T. *Gestão de carreiras na era do conhecimento: abordagem conceitual*. Rio de Janeiro: Qualitymark, 2021.

SCHLOCHAUER, C. *Lifelong learners: o poder do aprendizado contínuo*. São Paulo: Gente, 2021.

TEIXEIRA, A.; CECCHINI, C. *Aprendiz ágil: lifelong learning, subversão criativa e outros segredos para se manter relevante na era das máquinas inteligentes*. Porto Alegre: Arquipélago Editorial, 2022.

18

O SECRETARIADO E AS GERAÇÕES
DIFERENÇAS E APERFEIÇOAMENTO

Em um mundo totalmente globalizado, qual é a fórmula mágica para convivermos com pessoas diferentes, de gerações distintas e, na maior parte das vezes, completamente opostas? *Baby boomers*, geração X, Y, Z e, em breve, os Alpha? O que eles têm de melhor para trazer para nossa realidade? Não existe mais certo ou errado. A diversidade e a inclusão se juntam nesse movimento constante de aprendizado e compartilhamento.

MÁRCIA MOYA

Márcia Moya

Contatos
marciamoya64@hotmail.com
LinkedIn: linkedin.com/in/marciamoya/
Instagram: @marciamoya64
11 98261 8928

Formada em Letras – Tradutor e Intérprete (Bacharelado e Licenciatura Plena em Inglês/Português) – pela Faculdade Ibero-Americana, São Paulo, 1987. Pós-graduada em Administração & Marketing pela Universidade São Judas Tadeu, São Paulo, 2000. Já atuou como professora de inglês, nas escolas Skill e CNA, entre 1999 e 2002. Atua como assistente executiva trilíngue há muitos anos secretariando executivos *C-level*, em empresas nacionais e multinacionais dos segmentos: financeiro, metalúrgico, farmacêutico, telecomunicações, tecnologia da informação, pesquisa e desenvolvimento, entre outros. Acredita fortemente que pensar fora da caixa é um dos diferenciais para a manutenção da profissão de secretariado, que se reinventa todos os dias, e que o compartilhamento das informações é a chave para que o conhecimento nunca se perca em todas as gerações.

> *Tudo vale a pena quando a alma não é pequena.*
> FERNANDO PESSOA

A miscelânea das letras

Muito difícil falar sobre a profissão de secretariado sem mencionar a miscelânea de letras das gerações dos séculos XX e XXI.

Não é apenas a miscelânea de letras, mas o conjunto total entre diferentes pessoas, idades, experiências, gêneros, maneiras de pensar e viver. Afinal, o ser humano é o artista principal, uma mistura intrigante e interessante que regerá a orquestra da vida.

Para entender um pouco mais seu papel dentro de cada geração, segue descrição de cada uma delas.

Baby boomers

Os *Baby boomers* são os nascidos entre 1940 e 1960, no período Pós-Segunda Guerra Mundial. Hoje concentram boa parte do PIB mundial. Geralmente, são os mais resistentes às mudanças e não tão adeptos à tecnologia e inovações.

Eles inventaram o *workaholic* ou pelo menos muitos deles sofrem de seus efeitos. Os *baby boomers* criaram uma forte mudança social, incluindo o movimento *hippie*, o feminismo e os direitos civis. Eles são otimistas, automotivados e acostumados com a rotina. Em sua maioria, possuem as seguintes características:

- adeptos do casamento, compra de carro, casa e tempo de lazer;
- raciocínio linear, focados na aprendizagem com início, meio e fim;
- têm padrão de vida estável e não são influenciados por terceiros.

Geração X

A Geração X é a dos nascidos entre 1960 e 1980. É uma geração com mais foco em crescimento pessoal e competitividade. Não tem o mesmo capital que a geração anterior, mas possui alto poder de consumo e sempre está em busca do conhecimento.

Em geral, é uma geração que gosta de variedades e odeia a rotina. Com metas voltadas para novas oportunidades e desafios, o dinheiro não é a prioridade máxima, mas é importante. Prioriza o aprendizado de novas habilidades com chances reais de crescimento.

Algumas características dessa geração:

- busca da individualidade sem a perda da convivência em grupo;
- busca maior por seus direitos e preocupação com as gerações futuras;
- espírito empreendedor e autoconfiança.

Geração Y (*millennials*)

A Geração Y (*millennials*) são aqueles nascidos entre 1980 e 1995. É a geração da liberdade e inovação, que se desenvolveu em uma época marcada pelo avanço da tecnologia e prosperidade econômica. As crianças da geração Y cresceram rodeadas pelas facilidades oferecidas por seus pais, os quais fizeram questão de lhes propiciar bens aos quais não tiveram acesso, ou porque ainda não existiam na época deles, ou porque seus próprios pais não tinham condição financeira, como: TV a cabo, videogames, computadores, livros, brinquedos e outros itens de consumo.

Os jovens dessa geração têm como hábito ser multitarefas, mas não se contentam com pouco ou com tarefas subalternas. Esses indivíduos possuem grande capacidade criativa e precisam de desafios constantes para se sentirem realizados.

Trata-se da primeira geração verdadeiramente globalizada, que cresceu com a tecnologia e a usa desde a primeira infância.

Algumas características de pessoas da geração Y:

- informação fácil e imediata;
- dependência das redes de relacionamento virtuais;
- são adeptos das tendências da moda, mas são bastante alternativos e desprendidos.

Geração Z (*centennials*)

A Geração Z (*centennials*) é a composta pelos nascidos entre 1995 e 2010. As pessoas dessa geração são conhecidas por serem "nativas digitais". Desde pequenos, já familiarizadas com a internet e todas suas possibilidades, com o compartilhamento de arquivos constantes, com os *smartphones*, *tablets* e, principalmente, por estarem sempre conectadas e "ligadas" ao que acontece em tempo real.

Integrantes dessa geração nunca viram o mundo sem computadores. E como informação não lhes falta, estão um passo à frente dos mais velhos, concentrados em adaptar-se aos novos tempos.

Os "Zs", em sua maioria, estão ligados a uma causa social; mas, em contrapartida, são mais céticos em relação ao poder e às consequências das mídias sociais e como estas podem afetar o lado psicológico e de bem-estar do ser humano.

Algumas das características principais da Geração Z:

- desapegado das fronteiras geográficas;
- demasiados curiosos e ansiosos, com certa dificuldade para as relações sociais;
- forte responsabilidade social e preocupação com a sustentabilidade.

Alpha

A mais nova geração é a Alpha, que abrange os nascidos a partir de 2010. A grande diferença entre a geração Alpha e a Z é a interação com a tecnologia desde o nascimento. É comum ver os bebês interagindo com *smarthphones* com a maior naturalidade, nos fazendo pensar que seriam mais inteligentes do que nós.

Essa geração vive um momento em que se preza a diversidade e a espontaneidade. Não é necessário ter um papel definido, cada um tem suas "subidentidades". Para as crianças, tudo isso que elas estão vivendo é natural, o que com certeza assusta os adultos e os instiga a aceitar e lidar com tantas mudanças.

Nessa mais nova geração, gêneros e identidades são mais fluidos; entretanto, são menos complexos e limitantes. Além disso, essa geração terá outra relação com a inteligência artificial, conviverá e criará frentes nesse sentido a maior parte do tempo.

Onde você se encaixa?

Depois de tantas letras e informações, onde você se encaixa?

Não se identificou totalmente com a geração a que deveria pertencer pelo ano de seu nascimento? Você não é exclusivo(a), pois também me incluo nessa lista da "indefinição" por ter características, qualidades e pontos a serem desenvolvidos de todas as gerações.

E esse é o segredo para que você, em pleno século XXI, estude secretariado ou trabalhe nessa função. O secretariado é atemporal, como a curiosidade das pessoas que decidem trabalhar nessa profissão. Tenha a certeza de que terá que ter um pouco de todas as características mencionadas em todas as gerações para conseguir desempenhar essa função, que é apaixonante, com desafios e de aprendizados inigualáveis.

É repercutido há muito tempo que a profissão de secretariado está fadada à extinção no mercado de trabalho, mas é certo que, enquanto houver pessoas curiosas, estudiosas e interessadas, ela nunca desaparecerá.

A chave que conecta as gerações: comunicação

Sim, eis o grande segredo para juntar as diferentes gerações em uma única frequência: a comunicação.

Somos diferentes gerações convivendo em um mesmo ambiente, seja ele presencial ou virtual, e a comunicação é o elo que juntará todas as peças do quebra-cabeça, com clareza e concisão, para que, juntos, possamos unir as forças, qualidades, *skills* e até pontos a serem desenvolvidos de todas as gerações, sejam elas: *baby boomers*, X, Y, Z e, em futuro não muito distante, os Alpha.

A comunicação deve ser inclusiva, direta, objetiva e englobar aspectos que façam sentido para todas as gerações, para que ela seja fluida e inteligível para todos. Assim, englobamos o pragmatismo dos *baby boomers,* cujo pensamento é linear, talvez lento para os padrões atuais; a obstinação e determinação da Geração X, misturadas com a facilidade de acesso às novas tecnologias dos integrantes das gerações Y e Z, e o desprendimento, a espontaneidade e a diversidade que nos aguarda quando os Alpha entrarem no mercado de trabalho daqui a alguns anos.

Somos desafiados todos os dias a pensarmos "fora da caixa", quebrar rótulos, pensar de uma maneira distinta e termos contato com pessoas muito diferentes de nós, mas que, no conjunto, nos ajudarão para que sejamos pessoas e profissionais melhores.

O importante é estarmos abertos(as) a aceitar que não somos donos(as) da verdade e que a troca de conhecimento de todas as gerações somente nos engrandece. A resiliência de um *baby boomer* deveria ser admirada por um pessoa da Geração Y, que tem que desenvolver o hábito de praticar a paciência diariamente; e talvez a obstinação dos Xs, deva ser admirada pelos Zs, que tendem a ser muito apáticos e acabam se desmotivando com muita rapidez e facilidade. O contrário também é aplicado aos *baby boomers*, que deveriam ser mais curiosos e desconfiados, como os da Geração Z.

Enfim, é essa diversidade que nos agrega conhecimento e nos faz crescer emocional, pessoal e profissionalmente.

Minha experiência *vs.* diferentes gerações

A evolução profissional individual sempre depende do aprendizado que, por sua vez, depende da troca de experiências. Essa troca só é possível de pessoa para pessoa e, geralmente, a faixa etária não é equivalente. Todas as gerações têm a ensinar umas às outras.

Para tanto, não existe uma receita, porém tenho a certeza de que dois requisitos básicos devam estar presentes em todos os colaboradores da empresa, independentemente do nível e função que exerçam: capacidade de trabalhar em equipe e respeito. Sem esses quesitos, a maior empresa do mundo poderá, em breve, não existir e talvez uma empresa que hoje seja pequena torne-se umas das maiores e melhores do mundo, visto que nenhum profissional é dotado de todas as competências, muito menos é dono da verdade universal.

E é por isso que esta que escreve este capítulo: uma "cinquentona" quase "sessentona", que tem um *mix* das gerações X e Y, entre outras que talvez não existam ainda, que foi contratada para colocar ordem na casa de uma empresa *startup* onde, atualmente, sou a colaboradora mais velha, ou melhor, a colaboradora mais experiente. Sou "mais experiente" até que os *C-level* da empresa.

Não pensem que isso é fácil, pois sou desafiada todos os dias a pensar diferente e, muitas vezes, quebrar meus próprios paradigmas e reverenciar algumas das qualidades dos demais membros da equipe, que são muito mais jovens do que eu.

Ah, então eu deveria estar em um museu? Definitivamente, não, pois a idade não deve ser um fator limitante para a contratação das pessoas. Mas não pensem que, às vezes, até eu me depare com devaneios sobre a ideia de que já deveria estar fora do mercado de trabalho... Sim, nesses dias de "trevas", em que um pensamento negativo se aproxima e fica martelando em minha cabeça que deveria parar de trabalhar e dar lugar para as profissionais mais jovens, aflora o meu lado teimosa e obstinada de uma boa taurina da Geração X, que não desiste nunca das pessoas e coisas, e tudo volta a fluir. Definitivamente volto ao meu racional, que tem a plena convicção de que, enquanto houver vontade de aprender e compartilhar conhecimento, há vida e esperança para que eu e tantas outras colegas de profissão possamos dividir e multiplicar nossa experiência, e colher frutos dessas profissionais mais jovens e muitíssimo bem preparadas para o mercado de trabalho, que cada dia é mais seletivo e desafiador.

Na empresa em que trabalho atualmente, atuo como gerente de operações ou *officer manager*, se assim preferirem. Faço o melhor que posso para organizar as coisas, colocar muitos pingos nos "is" para que os profissionais da área técnica consigam desenvolver um novo produto, que será melhor para o Planeta e poderá proporcionar uma qualidade de vida melhor para nossos filhos e netos. Nosso produto será uma nova solução para o Planeta, rumo a uma construção livre de CO^2, que utilizará energia limpa e rejeitos industriais. Ou seja, eu, que fiz parte de uma geração que não tinha muita consciência com o meio ambiente e fazia questão de pegar a "sacolinha de plástico do mercado", hoje está contribuindo para uma empresa desenvolver um produto que trará muitos benefícios para a humanidade e o Planeta.

Por isso não é hora de parar, pois tenho um papel extremamente importante na empresa, onde posso, com minha organização, senso de urgência, dedicação e empenho, contribuir para que nossos colaboradores, que são grandes cientistas, jovens, das gerações Y e Z, possam estudar e trabalhar arduamente para desenvolver um produto que será revolucionário.

Tenho muito orgulho de minha profissão e da pessoa que me tornei, principalmente por estar aberta a conhecer pessoas e empresas diferentes; conforme OLIVEIRA (2016): "A geração Y precisa de nossa experiência, de nossa intuição e de nossa paciência. Afinal, eles estão sendo preparados para assumir empregos que ainda não existem, usando tecnologias que ainda não foram inventadas, para resolver problemas que ainda não sabemos que são problemas". Se a Geração Y já enfrentará esses desafios, podem imaginar o que aguarda os Zs e os Alphas?

Uau! Sim, minha alma não é pequena e tudo vale a pena!

Referências

OLIVEIRA, S. *Gerações: encontros, desencontros e novas perspectivas*. São Paulo: Integrate Editora, 2016.

SEGMENTO PESQUISAS. *As gerações e suas características*. Disponível em: <http://www.segmentopesquisas.com.br/blog/2019/5/24/as-geracoes-e-suas--caracteristicas>. Acesso em: 12 jan. de 2023.

19

AMBIENTE MULTICULTURAL

Neste capítulo, será tratado o valor das relações, da empatia e da abertura ao aprendizado em ambientes profissionais multiculturais. Serão abordados os benefícios e desafios da construção de equipes geograficamente diversas, enfatizando ser um fator de sucesso para companhias que nelas investem.

**CARLA PANZICA E
MARCELA HOSNE ARDITO**

Carla Panzica

Contatos
carlapanzica@hotmail.com
LinkedIn: linkedin.com/in/carlapanzica

Turismóloga graduada pela Anhanguera Educacional (2010), técnica em Secretariado pelo Instituto Monitor (2016 – SRTE 0050920/SP) e *lifelong learner*. Paulista, com experiência multicultural, trilíngue, assistente executiva desde meados de 2010, com atuação presencial e remota em diferentes setores, e coordenação de time internacional de assistentes executivas. Também é radialista no Programa Portugal Trilha Nova Rádio Show, criado pelos avós maternos em 1967. Facilitadora nata, encontra satisfação na satisfação do outro. Coautora dos livros *Meu cliente subiu no telhado...e agora?* e *Secretariado remoto e assistente virtual*.

Marcela Hosne Ardito

Contatos
marcela.hosne31@gmail.com
LinkedIn: linkedin.com/in/marcelahosneardito

Mais de 24 anos de experiência como secretária executiva, graduada em Secretariado Executivo Trilíngue (Fecap – 2005), em Pedagogia (Unisantanna – 2007), pós-graduada em Gestão Estratégica (Unisal - 2011), Formação de Docentes em Administração (FEA-USP – 2014) e MBA em Gestão de Pessoas (FEA-USP – 2021). Palestrante em eventos de secretariado e em grandes universidades (FMU, Fecap e Anhanguera). Participante e organizadora do evento COINS. Coautora dos livros *O futuro do secretariado: educação e profissionalismo*; *Meu cliente subiu no telhado, e agora?*; *As incríveis* e *Secretariado remoto e assistente virtual*.

> Nossos sinceros agradecimentos aos nossos familiares e a todos os profissionais do secretariado que cruzaram nossos caminhos e deixaram sua semente, especialmente a Naya Bermudez, que segue sendo inspiração, inclusive para este capítulo.

Segundo o dicionário Michaelis, cultura é o conjunto de conhecimentos, costumes, crenças, padrões de comportamento, adquiridos e transmitidos socialmente, que caracterizam um grupo social. É também o conjunto de conhecimentos adquiridos, como experiências e instrução, que levam ao desenvolvimento intelectual e ao aprimoramento espiritual e sabedoria. É, ainda, o requinte de hábitos e conduta, bem como a apreciação crítica apurada.

Quando viajamos, há aquele encanto em conhecer novas culturas; identificamos as diferenças nos hábitos e costumes dos moradores locais e somos fascinados pelo novo, o diferente, ainda que dentro de um mesmo país. Sentimo-nos mais cultos, integrados e apreciamos o desenvolvimento intelectual. Então, por que não haver esse encanto e troca no nosso dia a dia, e dentro do ambiente profissional?

Quando falamos de cultura corporativa, nos referimos ao modo como as empresas desenvolvem seu trabalho e, ainda que pertençam a um mesmo setor, cada uma define a própria missão, visão e valores, formando um conjunto de fatores que apontam o modo como seus negócios serão direcionados.

Conforme define Marcelo Nakagawa (professor e coordenador do Centro de Empreendedorismo do Insper), em artigo publicado pelo Sebrae, basicamente, a missão é o propósito de a empresa existir, sua razão de ser. Já a visão é a situação a que a empresa deseja chegar futuramente. E finalmente, os valores são os ideais de atitude, comportamento e resultados que devem estar presentes nos colaboradores e nas relações da empresa com seus clientes, fornecedores e parceiros.

São os valores que definem a cultura corporativa, é o que conecta os colaboradores em prol de uma missão comum, tendo claro direcionamento da postura que lhes é esperada enquanto representantes da empresa em que atuam. Mas, em paralelo à cultura corporativa, as empresas ainda são formadas por seres humanos com diferentes histórias de vida, vindos de diferentes partes do mundo, com conhecimentos e expectativas variadas. Ao mesmo tempo que isso pode ser um desafio na construção das relações, é um dos bens mais valiosos de um negócio.

Vamos mais a fundo... Toda empresa quer ser bem-sucedida, o que significa atingir, conquistar e fidelizar (a parte mais difícil) o maior número de clientes, fomentar o desenvolvimento de seus produtos e serviços, aumentar a sua receita. Imagine uma empresa que tenha como objetivo a expansão na América Latina, mas tem em seu quadro de funcionários somente brasileiros, que falam o mesmo idioma, experienciam desafios semelhantes e têm conhecimentos limitados em relação aos países em que buscam expandir a empresa.

Agora, imagine uma empresa que tenha o mesmo objetivo, mas que investiu na contratação de colaboradores de diversos países da América Latina, com idades diferentes, *backgrounds* diferentes e dificuldades distintas. Concorda que essa mistura tem potencial de levantar muito mais possibilidades de sucesso, identificar as dores de diversos perfis de clientes e, consequentemente, atingir uma gama maior de pessoas que passam a identificar-se com o que a empresa produz, a forma como se posiciona no mercado e como se comunica com o seu público-alvo?

Conforme mencionado em pesquisa acadêmica divulgada pela UFRGS (2018), a competência multicultural é um termo amplamente discutido e que tem cobrado cada vez mais relevância. O termo pode ser definido como a capacidade de um grupo (instituição, comunidade, país) ou um indivíduo (conselheiro, médico, psicólogo, professor, vizinho...) de agir adequada e efetivamente, respeitando as diferenças em comportamentos, atitudes e políticas para lidar ou trabalhar situações interculturais (DEARDORFF, 2006; SPITZBERG e CHANGNON, 2009). A análise, criação, estabilidade e fomentação de sociedades multiculturais têm se tornado um dos desafios mais modernos que vivemos como raça humana. No cenário atual, no qual a migração para outros países e/ou culturas tem sido cada vez mais frequente, perceber o impacto dos hábitos, rotinas, costumes, idealização filosófica e religiosa (entre outros elementos) na maneira de produzir bem-estar e equilíbrio em sociedades industrializadas passou de ser algo desejável a ser algo praticamente obrigatório, pois disso depende habitar em harmonia, segurança, prosperidade e respeito a mesma cidade ou país.

O ambiente multicultural anda lado a lado com a diversidade. Em uma instituição em que encontramos esse ecossistema, os profissionais tendem a sentir-se mais encorajados e seguros para compartilhar ideias ousadas e traços de personalidade, que são sustentados por suas culturas e estilos de vida. Esses diferentes pontos de vista no ambiente corporativo estimulam a criatividade e a inovação.

Conforme artigo de Janine Schindler (2019), membro do conselho da Forbes, um aumento na inovação e criatividade entre um grupo culturalmente diverso pode criar um espírito de equipe, o sentimento de progresso positivo em benefício do grupo e da organização. Janine menciona que esse sucesso promove um sentimento de camaradagem entre os membros da equipe e incentiva a cooperação bem-sucedida nos próximos projetos. A inclusão também promove o aumento da produtividade e satisfação dos funcionários. Afinal, todos gostamos de nos sentir necessários e ver que nossa contribuição está adicionando valor ao negócio.

Especialmente na era pós-pandêmica, com muitas companhias adotando o trabalho remoto ou híbrido, as portas ficaram escancaradas para a multiculturalidade. Explicamos: imagine só você, assistente executivo(a) há 30, 40 anos, no modelo de trabalho presencial, pouca tecnologia, pouca chance para a diversidade, consequentemente as possibilidades de ter contato com pessoas de diversos países em um único momento, ainda que existissem, eram extremamente mais baixas do que hoje, em que vemos muitas *startups*, principalmente de tecnologia, que são 100% remotas e apresentam um quadro de funcionários formado por profissionais de mais de 40 diferentes nacionalidades. Incrível, não?

Em relatório desenvolvido pela McKinsey & Company, intitulado *Diversity Wins. How inclusion matters*, divulgado em maio de 2020, foi identificado que empresas com maior diversidade étnica e cultural tinham probabilidade de lucrar 36% mais que a concorrência. Cada vez mais, líderes empresariais reconhecem que um time diversificado e inclusivo, com uma variedade de abordagens e perspectivas, é um ativo ao competir em uma economia globalizada e em rápida evolução.

Bom, ficou claro que os benefícios de um ambiente culturalmente diverso são inúmeros: inovação, criatividade, projetos impactantes, criatividade na solução de problemas, maior número de clientes, maior lucratividade, senso de pertencimento etc. Mas precisamos falar sobre os desafios, pois eles existem (e não são poucos!) e precisam ser acompanhados de perto, principalmente pela liderança.

Os ruídos de comunicação podem vir desde a dificuldade de compreender a maneira com que cada indivíduo se expressa, de acordo com os costumes do seu país, até o desafio de agendar uma reunião com participantes localizados em diversos fusos horários diferentes. Desafio este que nós, assistentes executivos, entendemos muito bem e vivemos com frequência.

A verdade é que a chave para o relacionamento multicultural de sucesso está altamente relacionada a estar aberto ao aprendizado, do idioma aos costumes, sem preconceitos e sempre com curiosidade, humildade, respeito e, não menos importante, empatia. Esta última é muito importante pois, além de nos colocarmos no lugar do outro e tratá-lo como gostaríamos de ser tratados, ao usar a empatia, abrimos nossas mentes a aprender mais sobre o outro, seus costumes, expressões, postura, a olhar as situações sob outro ponto de vista e adaptarmo-nos a elas, deixando de nos basearmos nos padrões pessoais, mas em orientações comportamentais baseadas em características culturais.

As pessoas precisam se conhecer, buscar a comunicação fluida, receber e dar espaço, permitindo a troca, seja por cafés virtuais, atividades de integração ou qualquer outro momento que possibilite essa conexão humana. São nessas interações que descobrimos que a pimenta brasileira não é nada forte para o gosto mexicano, que os horários de trabalho em países europeus são muito mais estritos e as pessoas valorizam o *work-life balance*, que aquela pessoa do financeiro que sempre o ajuda tem um calendário diferente devido às datas religiosas etc. Essas informações são relevantes para todos, mas especialmente a nós, profissionais do secretariado, que, além de frequentemente assessorarmos mais de um executivo de perfis diferentes, nacionalidades diferentes e necessidades distintas, ainda somos o elo entre as equipes desses executivos e os demais departamentos da empresa. Nós somos uma espécie de "esponja da informação" e isso, sem dúvidas, nos beneficia e nos permite atuar de forma mais assertiva.

O próprio time de assistentes de uma empresa pode ser composto por profissionais de várias nacionalidades, e essa é uma ferramenta valiosíssima para estimular o aprendizado pela troca e colaboração contínuas.

Nota-se uma deficiência no que se diz respeito ao conhecimento de mundo, ao entendimento das relações socioeconômicas e informações mais estratégicas e comerciais dos países, e este entendimento é chave para melhor atuação e suporte às empresas e executivos. A visão macro das relações internacionais nos permite entender as razões por trás de diversas mudanças e tomadas de decisão nos negócios.

Outros exemplos práticos e importantes do quanto os profissionais do secretariado lidam com essa diferença cultural e precisam estar informados e atentos a elas são as organizações de eventos e a elaboração do calendário anual de celebrações. As companhias geralmente promovem ao menos um evento anual com todos os colaboradores ou com a principal liderança para o planejamento estratégico, e nesse momento são recebidas pessoas de diversos lugares. Supondo que esse evento ocorra no Brasil, ainda assim é importante saber como receber as pessoas, quais são suas restrições alimentares, que podem ser por questões particulares, culturais ou religiosas, se devo estender a mão ao cumprimentar etc. Estar informado sobre as questões atuais dos países dos visitantes facilitará o diálogo e deixará o visitante mais confortável no ambiente.

Certa vez, durante a organização de um evento em Austin (EUA), foi sugerida uma atividade em um clube de tiro, o que é bastante popular na região, mas naquela mesma época havia ocorrido uma tragédia no Texas que resultou em várias pessoas mortas por um atirador. Isso não foi levado em consideração durante o planejamento e gerou grande desconforto para alguns dos executivos, que optaram por não participar da atividade e deslocaram-se para outro ambiente. Quando estamos bem-informados e exercitamos a empatia, esse tipo de situação é evitada.

Quando falamos do calendário anual, nos propomos a olhar cuidadosamente para cada país, para considerar fusos horários, feriados e alguns eventos em especial. Na construção, utilizamos um site para considerar os fusos horários de cada país onde a empresa tem operação para, no momento de agendar reuniões, considerarmos um horário razoável para todos ou para a maioria. Ao considerar os horários e feriados, incluímos todos em uma mesma equação, sem impor ou considerar o horário e dia para agendamentos de reuniões, da matriz da empresa. Ainda nesse tema, é de extrema importância considerarmos também alguns pontos culturais muito significativos. Por exemplo: se a empresa tiver filial na Alemanha, não se deve considerar, em hipótese alguma, que os funcionários que trabalhem neste país tenham atividades na empresa após 18h, isso é contra as regras trabalhistas.

De acordo com Richard Brislin, autor de *Working with Cultural Differences* (2008), ainda que os desafios do contato intercultural sejam formidáveis, eles podem ser superados se as pessoas compreenderem as fontes das diferenças culturais e uma série de respostas comportamentais para lidar com elas. Se aprenderem a identificar e trabalhar bem com indivíduos que têm bons conselhos a oferecer, como informantes culturais e intérpretes profissionais, aumentarão suas chances de sucesso.

Quando falamos sobre um novo olhar para o secretariado, falamos sobre um olhar e abertura para um mundo onde as diferenças não são transformadas em barreiras, mas sim ferramentas para o melhor desenvolvimento pessoal e profissional. Um olhar de quem entende que estamos em uma era de constantes mudanças, aprendizado e evolução. A era que nos permite abrir portas para o mundo sem nem precisarmos sair de casa.

E você, tem todas as chaves?

Referências

FORBES. *The Benefits of Cultural Diversity in the Workplace.* Disponível em: <https://www.forbes.com/sites/forbescoachescouncil/2019/09/13/the-benefits-of-cultural-diversity-in-the-workplace/?sh=182871bf71c0>. Acesso em: 25 set. de 2022.

HOSTINGER. *DNA da hostinger: como cultivamos um ambiente multicultural.* Disponível em: <https://www.hostinger.com.br/blog/dna-da-hostinger-como-cultivamos-um-ambiente-multicultural/>. Acesso em: 10 set. de 2022.

LUME. *Competência intercultural e seus desafios: a importância de habilidades interculturais para o profissional de saúde mental.* Disponível em: <https://lume.ufrgs.br/handle/10183/193330>. Acesso em: 12 out. de 2022.

MCKINSEY. *Diversity wins. How inclusion matters.* Disponível em: <https://www.mckinsey.com/~/media/mckinsey/featured%20insights/diversity%20and%20inclusion/diversity%20wins%20how%20inclusion%20matters/diversity-wins-how-inclusion-matters-vf.pdf>. Acesso em: 10 set. de 2022.

MICHAELIS. *Cultura.* Disponível em: <https://michaelis.uol.com.br/moderno-portugues/busca/portugues-brasileiro/cultura/>. Acesso em: 25 set. de 2022.

ROSSI, I. P.; BUENO, J. M. *Comunicação em ambientes multiculturais: produção acadêmica brasileira* - 2000 A 2016. Disponível em: <https://repositorio.unp.br/index.php/raunp/article/view/1773>. Acesso em: 11 jan. de 2023.

SEBRAE. *Missão, visão e valores.* Disponível em: <https://www.sebrae.com.br/Sebrae/Portal%20Sebrae/Anexos/ME_Missao-Visao-Valores.PDF>. Acesso em: 25 set. de 2022.

20

EXPERIÊNCIA INTERNACIONAL

A vida no exterior é o sonho de muitos profissionais brasileiros que, em sua maioria, têm grande receio de cruzar fronteiras e não sabem como começar a mudança de ares. Neste capítulo, Solange Reis, a Sol, sintetiza suas vivências e aprendizados para se tornar uma secretária executiva fora do Brasil, e nos traz 11 atitudes que podem ajudar no processo de internacionalização de sua carreira.

SOLANGE REIS

Solange Reis

Contatos
solanrei@gmail.com
LinkedIn: Solange Reis
Instagram: @solenlatinoamerica

Com mais de 25 anos de experiência em atendimento ao cliente corporativo e em cargos de assistência executiva em empresas multinacionais nas áreas de aviação e turismo, comércio exterior e entretenimento, hoje atua na indústria da tecnologia. Brasileira. Solange já morou nos Estados Unidos e, desde 2017, reside no Chile. Considera como importantes para sua carreira seu interesse genuíno por novas experiências de vida interculturais e sua paixão por buscar soluções.

Aos 11 anos, quando ouvi um disco de Whitney Houston pela primeira vez, decidi que queria entender o que dizia esta grande intérprete estadunidense nas letras de suas músicas, e pedi aos meus pais, trabalhadores assalariados da classe média baixa do Brasil dos anos 1990, que me pagassem um curso de inglês, porque eu sabia que as aulinhas da escola não me ajudariam muito. E nesse momento, começou a minha paixão por diferentes nações, culturas e idiomas. Aos 17, eu já dava aulas desse idioma e, aos 18, comecei a trabalhar em uma companhia aérea, que me abriu as portas de uma vida sem fronteiras – depois disso, o resto da minha vida já é história. Por que estou contando tudo isso? Para demonstrar que um olhar cosmopolita não começa do dia para a noite: nasce nos sonhos e se materializa nas escolhas e ações concretas. E quero compartilhar, com os caros leitores deste capítulo, 11 atitudes importantes que colecionei nessa trajetória:

1. Valorize suas origens – suas origens fazem parte do profissional que você é. Valorize os ensinamentos recebidos, a cultura que o formou e saiba que o profissional brasileiro, hoje, é sinônimo de responsabilidade e educação formal elevada – o Brasil, país continental, é grande potência e líder em várias indústrias. Além disso, o mercado internacional costuma valorizar a autenticidade e a história de cada um. Observe que buscar oportunidades em outro país demonstra enormemente sua diferença com profissionais locais: você é muito mais audacioso que a média dos seus colegas, pois teve a coragem de cruzar fronteiras e ter um rumo diferente ao da maioria das pessoas – é deste prisma que deve ser enxergado e respondido quando questionado. Essa ousadia, normalmente, se traduz em resultados práticos de resiliência e valorização de cada chance que surge.

2. Seja o grande empreendedor da sua vida – não dê às pessoas ou circunstâncias a responsabilidade de decidir seus passos: tome pessoalmente as rédeas do seu futuro, de forma estratégica, para conquistar seus objetivos. A mudança de país culmina em uma série de ações e movimentos coletivos, mas que partem exclusivamente da sua decisão individual. Analise as possibilidades desde sua própria perspectiva antes de envolver sua família, amigos e conhecidos. Ser empreendedor da sua vida é identificar e desenvolver suas habilidades para realizar tarefas que atendam às suas necessidades pessoais e profissionais.

3. Identifique suas habilidades – observar-se como um todo é fundamental para identificar suas habilidades inatas e fortalecer as que são específicas da nossa profissão. Eu costumo dizer que escolhi o secretariado, e não o contrário, porque eu já era uma profissional do turismo com muitos anos de mercado quando decidi mudar de carreira. O secretariado me oferece tudo que EU busco profissionalmente: trazer soluções à vida das pessoas, ter dias diferentes todos os dias, trabalhar diretamente com os melhores de suas áreas e aprender com eles e, por fim, exercer a mesma profissão em qualquer lugar do mundo. Quando eu decidi estudar Secretariado Executivo, posso dizer que, friamente, analisei as competências desse profissional e me dei conta de que tinha muitas capacidades técnicas: relevante experiência em atendimento ao cliente corporativo, gestão de viagens e fluência na língua inglesa; e comportamentais, como senso de organização e grande paixão em servir – exemplos que são, comprovadamente, diferenciais na nossa carreira.

4. Saber diferentes idiomas é importante, sim. – é completamente possível que você seja um profissional de secretariado bem-sucedido no nosso país sem saber outros idiomas, mas em um contexto internacional é mais difícil. Há alguns exemplos que explicam a importância de se falar outros idiomas:

a) Os países desenvolvidos detêm os sistemas de produção e distribuição de bens e serviços, e as empresas que têm origem nesses países ou que se relacionam com eles estrategicamente buscam profissionais que conheçam idiomas comuns, como o inglês. Nós, profissionais que nos preparamos na nossa área, normalmente atuamos em empresas de grande impacto econômico.

b) Apesar de o Brasil, geograficamente, fazer parte da América Latina, existe uma grande barreira cultural e linguística que se nota pelo idioma, uma vez que o espanhol é falado pela maioria dos países que circundam o Brasil, e nós falamos português (já parou para pensar nisso?). Por isso, ao aprender espanhol, muitas possibilidades de interação podem surgir e o Brasil, líder em alguns segmentos de negócios na região, ao contratar um profissional brasileiro que fala espanhol, tem vantagem competitiva imediata.

Eu já escutei de meus alunos e muitos profissionais do secretariado frases como "eu não gosto de inglês" ou "eu prefiro alemão", mas você deve encarar o aprendizado de um idioma com disciplina e entrega, sobretudo se o objetivo é iniciar uma carreira internacional. Inclusive, acredito piamente que o refinamento do aprendizado passa por mergulhar na cultura de países que falam a língua estudada. Eu moro no Chile, e o espanhol falado aqui é diferente do praticado na Espanha ou do resto da América Latina *hispanohablante*, porque as adaptações linguísticas partem exclusivamente das necessidades culturais. Outro ponto importante é abandonar a ideia de perfeição: o seu sotaque também conta a sua história (lembra que conversamos sobre a importância da valorização da nossa identidade?). Por isso, não tenha vergonha dele e, obviamente, o sotaque não está relacionado ao domínio do idioma. Eu posso dizer que aprendo palavras novas em português, inglês e espanhol sempre, mesmo conhecendo profundamente esses idiomas e, quando isso deixar de acontecer, significará também que deixei de me atualizar. Por isso, antes de dizer que aprender uma língua é difícil, empregue uma rotina de aprendizado e o faça com dedicação.

5. Não tenha pressa, mas prossiga – iniciar uma carreira internacional é sinônimo de uma vida cosmopolita, também porque sua vida profissional não está dissociada da sua vida. Por isso, é importante estudar sobre o país em que você deseja viver, considerar sua vida social e familiar nessa decisão e, sobretudo, ao partir para essa nova etapa, compreender que você sempre pode retroceder, desde que esse movimento seja feito com responsabilidade psicológica, financeira e com tudo que envolve uma decisão dessa magnitude. Por isso, não tenha pressa de decidir, e não abandone seu plano na primeira dificuldade – acredite, elas vão aparecer, em menor ou maior proporção – e são os desafios que deixam tudo mais interessante e enriquecedor.

6. Seja muito cuidadoso com suas fontes de pesquisa – pesquise muito sobre o destino em todos os aspectos e, sobretudo, a documentação necessária para viver legalmente, principalmente quando não houver uma contratação ou transferência que, normalmente, são mais estruturadas e atendem às suas necessidades básicas. Além disso, tome muito cuidado com acordos informais e "promessas" feitas por desconhecidos ou pessoas que não são de sua total confiança. "Golpes" lamentavelmente existem em todos os países.

7. Saiba que tudo pode acontecer: esse país pode ser o seu para sempre! No período de curta ou longa duração de estada em outro país, você fará parte de uma nova comunidade, e sua vida caminhará de acordo com essa perspectiva. Por isso, essa permanência pode aumentar, a ponto de aquele país ser sua parada definitiva, mesmo que o seu plano inicial não seja esse – é possível que você se apaixone pela região, costumes, seu novo trabalho e por algum(a) nativo(a) (ah, o amor!). Por isso, esteja realmente aberto a experiências inovadoras e não interrompa a sua flexibilidade ou capacidade de adaptação, que são excelentes características dos cosmopolitas. Esteja de olho na nossa comunidade brasileira no exterior, mas se esforce para se envolver com a comunidade nativa ou formada localmente também.

8. **Países são culturalmente diferentes** – perdoem a redundância, mas você realmente compreende esta afirmação? A cultura impacta todos os aspectos da vida. Da minha experiência pessoal, eu não debato culturas, mas as aprecio, sem "romantizá-las" e, normalmente, me integro com facilidade. Ao agir assim, me integro melhor ao ambiente de trabalho também. Em termos práticos, em vez de reclamar que os chilenos preferem chá ao café, experimento diferentes tipos dessa bebida; quando penso que são mais frios que os brasileiros, também me lembro que podem ser mais objetivos. Por isso, aprecie a oportunidade de estar em um ambiente distinto e lembre-se de que esta foi sua escolha por uma razão, ou muitas.

9. **Você vai começar do zero – ou do um!** Se há uma afirmação verdadeira é que "conhecimento não se tira" de ninguém e, provavelmente, é uma das poucas coisas que você levará, de fato, em uma internacionalização da sua carreira. Eu costumo dizer que mudar de país é despir-se completamente de sua antiga vida. Você entra "peladão" em outro país. Novas redes de apoio e profissional serão criadas, símbolos concretos dos seus vínculos pessoais serão encaixotados ou vendidos, para sua sanidade e equilíbrio. Não se surpreenda ao vender na internet o álbum de figurinhas da Copa do Mundo de 1994 que você completou com o seu pai, ou que a toalha bordada da sua avó seja "momentaneamente" entregue à sua irmã. Assim funciona e, se não for, você provavelmente está bastante apegado a uma versão da sua vida que está em plena mudança. Não estou dizendo que você terá que se desfazer de signos da sua história, mas devo informar que nem tudo irá com você, e não tem problema! Como dizem no Brasil hoje, "é sobre isso!".

10. **Comece com os recursos que você tem** – não espere a condição ideal para começar o seu planejamento de internacionalizar sua carreira: avalie os recursos disponíveis e os utilize para atingir a sua meta. Se os perfis das vagas têm determinada exigência educacional ou documental, analise quais são as suas condições reais de atender a essas demandas. Não paralise seus sonhos: trabalhe objetivamente para responder às expectativas do mercado, respeitando **absolutamente sempre** seus dons, vocações e aspirações – nunca se perca de quem você, essencialmente, é. No meu caso, são poucas caixas que me cabem, pela minha maneira de ver a vida e o mercado de trabalho, e devo dizer que nunca estive sem uma boa oportunidade nas mãos. Recentemente, tive a difícil tarefa (que realmente foi difícil) de escolher entre trabalhar nas empresas Meta e Google – recebi uma *job offer* das duas na mesma semana, o que, digo com orgulho, não é todo dia que acontece – e eu estou segura de que assim foi porque a minha autenticidade sempre prevalece. E foi em resposta às "minhas" impressões gerais, que são completamente subjetivas, e para atender às "minhas exigências pessoais, que estou na Google hoje.

11. Seja excelente! No dicionário, a palavra "excelente" tem vários significados: o que é "excessivamente bom" ou de "ótima qualidade", ou até mesmo "que chama a atenção" e "superior e incomum". Ser excelente, na prática, implica nos dedicarmos fielmente a um fim. Não se trata de competir diretamente com os outros, mas que estratégias sejam criadas, testadas e seguidas para alcançar o objetivo. Não pretendo entrar na esfera da autoajuda, com fórmulas prontas, porque acredito que o sucesso tenha muitas nuances, pesos e medidas, dependendo de cada um e do que se almeja, mas o que é comum em toda boa história de sucesso é a dedicação ímpar e disciplina. Em um exemplo hipotético, você pode estar preparado para uma eventual entrevista de trabalho, pois tem todos os requisitos iniciais da posição em questão, e já passou por vários processos seletivos ao longo da sua carreira, o que lhe dá a tranquilidade de participar com mais maturidade das etapas propostas. Entretanto, ser excelente é compreender que ainda assim deve se interessar genuinamente por essa entrevista em particular, por mais seguro que você se sinta – requer entender que é sempre possível entregar a sua melhor versão, dependendo exclusivamente do seu interesse.

Para terminar, vamos resumir o que vimos, juntos, para sua carreira internacional decolar – uma "colinha" para ajudar na prova de vestibular dos seus planos: **suas origens** o trouxeram até aqui, e serão base fundamental para **empreender** em sua própria vida, ao **identificar suas habilidades** inatas e aperfeiçoar as de nossa profissão, como o conhecimento de outras **línguas. Sem pressa, mas de olho no presente e futuro**, tem que estudar muito as **diferentes possibilidades**, que podem levá-lo a uma terra em que você vai querer ou não ficar, mas isso só o tempo dirá e tudo vai depender de como você vai encarar o fato de que os **países são diferentes** demais. **A sua história, você vai "resetar"**, e é importante **começar com o que tem** sem olhar tanto para trás. Mas isso tudo você saberá porque **será excelente** em seu planejamento, execução e vai alcançar o melhor resultado para os seus sonhos realizar.

21

MINDSET EMPREENDEDOR

A constante transformação do mercado de trabalho desafia os profissionais de secretariado a remodelarem seu perfil e se adaptarem às novas exigências. Protagonistas da própria carreira, assumem cada vez mais o papel de empreendedores, dentro ou fora das organizações. Neste capítulo, o leitor encontrará uma leve abordagem sobre o tema e a sua correlação com as competências atuais do secretariado.

MARIA REGINA SOUZA

Maria Regina Souza

Contato
reginac85@yahoo.com.br

Especialista em Assessoria Executiva pela Uniltalo; bacharel em Secretariado Executivo Bilíngue pela Universidade Anhembi Morumbi; técnica em Contabilidade pela FECAP; secretária executiva com mais de 35 anos de experiência assessorando executivos em empresa multinacional; docente voluntária em instituições evangélicas; breve atuação como consultora de projetos para ONG.

Desde os primórdios, o empreendedorismo é praticado entre os povos. A princípio, para construção de ferramentas e mecanismos de sobrevivência. Ao longo dos séculos, entretanto, seu significado e aplicações têm sofrido algumas transformações. Com a entrada do capitalismo no mundo e, na medida em que a sociedade, os governos, as organizações geram suas demandas, o termo vem ganhando mais força no contexto econômico mundial.

A palavra empreendedor deriva do vocábulo *entrepreneur* e foi utilizada pela primeira vez no século XVII. Os principais significados atribuídos, após ser introduzida nos dicionários, são: intentar, planear, propor-se, tentar, levar a efeito, realizar. Tem grande destaque na atualidade a definição do termo dada pelo economista Robert D. Hisrich (2009):

> O empreendedorismo é o processo de criar algo novo com valor, dedicando o tempo e o esforço necessários, assumindo os riscos financeiros, psíquicos e sociais correspondentes e recebendo as consequentes recompensas da satisfação e da independência financeira e pessoal.

Todo indivíduo, em maior ou menor escala, é um empreendedor. Por paixão, vontade ou necessidade, ele pode empreender em casa, na comunidade, nas escolas, nas indústrias, nas organizações ou a partir de um negócio próprio.

Grandes ou pequenas empresas, *startups* e outros negócios que transformaram o mundo e impactaram a vida das pessoas nasceram de uma ideia e da capacidade de seu idealizador de colocá-la em prática.

Mindset empreendedor

> *Tudo é possível ao que crê.*
> MARCOS 9:23

A maneira como as pessoas se comportam, lidam com as situações, gerenciam seus objetivos e reagem às suas experiências de vida é resultado de uma atitude mental: o *mindset* influencia diretamente no sucesso ou não de suas realizações, seja no trabalho, na família ou na sociedade.

Mindset é, portanto, uma configuração mental.

Estudos pioneiros realizados pela psicóloga e pesquisadora americana Carol S. Dweck revelaram que existem dois tipos de *mindset*, claramente ligados à opinião que um indivíduo adota a respeito de si mesmo e que, consequentemente, afetará suas escolhas: o *mindset* fixo e o *mindset* de crescimento.

- O *mindset* fixo leva o indivíduo a acreditar que suas qualidades são imutáveis; que as habilidades não podem ser desenvolvidas e que o talento nato é o único elemento decisivo para o seu sucesso. Este indivíduo está constantemente preocupado em provar seu valor para si mesmo e para o mundo. Diante do fracasso, tende a se manter na zona de conforto de suas crenças de que nada pode ser feito para mudar e o assume como resultado definitivo, não como um desafio que pode ser superado com algum esforço. Neste momento, ele pode entender que é hora de desistir.
- O *mindset* de crescimento envolve a crença de que essas qualidades básicas são apenas o ponto de partida e podem ser cultivadas, modificadas e desenvolvidas por meio de esforço próprio, treinamento e experiência. O indivíduo que tem o *mindset* de crescimento não se ilude com o próprio potencial. Acredita que existe um potencial desconhecido em cada ser humano, que pode ser despertado por paixão, educação e esforço. Aprende com seus erros e, ao experimentar uma situação de fracasso, não se limita ao primeiro resultado, mas enxerga-o como um fator motivador que o impulsiona a se mover em busca de aperfeiçoamento e novas possibilidades de sucesso.

Construir um *mindset* e mantê-lo fortalecido implica na disposição de treinar a própria mente na direção daquilo que se quer alcançar.

- Desenvolver bons hábitos é muito importante nesse processo;
- acreditar em si mesmo e no seu poder de realização;
- conhecer seus pontos fortes, suas habilidades e reforçá-los para si mesmo diariamente;
- trabalhar seus pontos fracos para que não interfiram na sua jornada;
- decidir aonde quer chegar e estabelecer pequenas metas até conquistar o objetivo;
- ser o seu maior concorrente;
- lançar mão de ferramentas que tragam conhecimento, educar-se;
- buscar mentorias, testar os próprios limites, inspirar-se em empreendedores de sucesso; aprender, aprender e aprender;
- gerenciar bem o tempo;

- questionar-se sobre o propósito e objetivos para a realização de algo e seu valor agregado para as pessoas e a sociedade;
- dedicar-se a estudar o perfil de seus clientes; coletar dados, entender suas necessidades ainda não atendidas; encontrar novas formas de encantá-los;
- analisar a importância e a capacidade transformadora de seu projeto e visualizar o impacto de sua implementação.

Empreendedorismo não se trata apenas da idealização de um projeto ou da criação de um negócio visando ao sucesso pessoal ou econômico. A entrega de soluções efetivas hoje tende a ser a meta principal.

O empreendedor contemporâneo tem paixão pelo que faz e aprendeu que o que sustenta o seu empreendimento é o cliente. A busca pela sobrevivência, como no passado, continua, porém o foco mudou. O indivíduo empreendedor lança-se sobre um desafio dessa grandeza essencialmente pela necessidade de tornar-se um agente de mudança que vai influenciar no desenvolvimento das organizações ou da sociedade.

Morgen Witzel (2005), em seu livro *50 grandes estrategistas de administração*, cita uma das cinco hierarquias de necessidades criadas por Abraham Maslow, que ilustra muito bem esse pensamento: a necessidade de autorrealização.

> Em essência, mesmo quando estamos bem alimentados, em segurança, amamos e somos amados, temos respeito e senso de valor, ainda há alguma coisa: a necessidade de fazer o que sentimos ser a nossa vocação. A busca da autorrealização não existe em todos, e é mais forte em algumas pessoas que em outras. Contudo, naquelas em quem a autorrealização é forte, haverá uma força que as impele a conquistar alguma coisa à qual atribuem grande valor pessoal. Grandes empreendedores são dirigidos por essa necessidade [...].

Uma das principais características de um empreendedor é a sua capacidade de saber identificar e aproveitar as oportunidades.

Empreender exige coragem, determinação, perseverança, resiliência e flexibilidade.

O empreendedor deve saber usar a criatividade, inovar, estabelecer contatos sólidos, formar boa equipe quando necessário. Estar preparado para desafiar regras e padrões, corrigir rotas, ajustar planos, assumir riscos calculados e buscar recursos, para depois alcançar o sucesso. Parece um longo caminho, mas só precisa dar o primeiro passo.

> *Muitas coisas não ousamos empreender por parecerem difíceis, entretanto são difíceis porque não ousamos empreendê-las.*
> SÊNECA

O papel da inovação no empreendedorismo

O empreendedorismo carrega em si certa dose de inovação. Ambos causam impactos significativos na sociedade ou nas organizações.

Saber diferenciar os dois conceitos é imprescindível para estabelecer o caminho quando se pretende empreender:

- a inovação agrega valor a algo que já existe;
- o empreendedorismo cria valor a partir de algo novo.

Pode-se inovar sem empreender, mas não se pode empreender sem inovar.

A inovação é fundamental para a manutenção da competitividade e permanência de uma empresa no mercado, seja qual for o tipo de negócio ou segmento.

O que é intraempreender

Empreender dentro de uma organização já existente é o conceito que define o intraempreendedorismo.

O indivíduo empreendedor que tem um cargo ou função em uma organização tende a pensar e agir como dono do negócio, não como mero cumpridor de tarefa. Sempre atento, aplica seus recursos, competências, habilidades e conhecimento para criar algo novo que pode trazer valor, gerar oportunidades e alavancar a competitividade daquela organização frente ao mercado.

Há organizações que sabem reconhecer e apoiar o perfil empreendedor de seus colaboradores. Um dos grandes exemplos da atualidade é o Google. Como resultado, conseguem reter os mais valorosos talentos. O colaborador que se sente valorizado torna-se mais produtivo.

Atualmente, o intraempreendedor é um dos mais importantes recursos nas empresas de alta competitividade.
(MARTINHO C. MONTENEGRO, consultor empresarial do SEBRAE, 2018)

Tipos de empreendedorismo

De acordo com o SEBRAE, os principais tipos de empreendedorismo são:

- empreendedorismo individual (MEI – Microempreendedor Individual / EIRELI – Empresa Individual de Responsabilidade Limitada);
- empreendedorismo informal;
- empreendedorismo de franquias;
- empreendedorismo corporativo;

- empreendedorismo social;
- empreendedorismo digital;
- empreendedorismo público;
- empreendedorismo ambiental.

Empreendedorismo no secretariado

A Lei 7.377 de 30 de setembro de 1985 regulamentou a profissão de secretariado. Embora as características operacionais de suas atribuições tenham se mantido por um longo tempo após a regulamentação, o esforço e engajamento desses profissionais e a constante transformação do mercado de trabalho abriram espaço para um novo perfil estratégico e inovador.

O comportamento empreendedor faz parte desse novo perfil e coloca esses profissionais em uma posição importante nas organizações.

Com a exigência de novas competências, o profissional de secretariado tornou-se protagonista da própria carreira, buscando por si mesmo investir no aperfeiçoamento contínuo de suas habilidades.

Executivos cada vez mais independentes, favorecidos por indispensáveis ferramentas tecnológicas, esperam contar com assessores articulados, que estejam não apenas alinhados com os valores da organização, mas que tenham conhecimento sobre a área onde atuam, que saibam fazer as perguntas certas e sejam capazes de se antecipar às demandas, estabelecer conexões produtivas, expressar opiniões, tomar decisões, inovar, criar oportunidades, identificar problemas, oferecer soluções e gerenciar metas que contribuam efetivamente para o crescimento da organização.

O assessoramento aos executivos concede ao profissional de secretariado autonomia para acessar pessoas, áreas, sistemas, processos e informações de forma muito mais abrangente. A postura empreendedora lhe permitirá olhar para esta realidade com outra perspectiva.

Saber interligar esses recursos pode ser essencial para criar oportunidades de empreender internamente, transformando atividades rotineiras em projetos de grande valor para a organização. Desde o mais simples como automatizar uma planilha de dados, criar fóruns de discussão até melhorar ferramentas, processos ou desenvolver novos métodos de trabalho.

O empreendedorismo corporativo é um campo fértil que pode ser explorado com sucesso pelo profissional de secretariado com essa visão.

Por outro lado, quando se olha para o ambiente externo, nota-se que o cenário econômico mundial, especialmente pós-pandemia, trouxe vasta diversidade de empreendedores.

Esta tendência também alcançou o universo do secretariado. É crescente o número de profissionais do secretariado que criam o próprio negócio enquanto cumprem seu papel dentro das organizações.

O conhecimento proveniente da administração do próprio negócio agrega a esses profissionais notável diferencial competitivo que pode contribuir para fortalecer e valorizar muito o seu perfil profissional.

A mente que se abre a uma nova ideia jamais voltará ao seu tamanho original.
ALBERT EINSTEIN

Referências

AVANÇAR. *Mindset & expectativas*. Avançar – Associação de Estudos em Políticas Sociais, 2017. Disponível em: <https://avancar.org.br/mindset-expectativas/>. Acesso em: 16 set. de 2022.

CRONAPP. *Mindset fixo e de crescimento. Saiba as diferenças!* 2021. Disponível em: <https://blog.cronapp.io/mindset-fixo-e-de-crescimento/>. Acesso em: 12 set. de 2022.

DWECK, C. S. *Mindset: a nova psicologia do sucesso*. São Paulo: Objetiva, 2017.

FIA BUSINESS SCHOOL. *Mindset: o que é, tipos e como desenvolver o seu* – 2019. Disponível em: <https://fia.com.br/blog/mindset/>. Acesso em: 15 set. de 2022.

HISRICH, R. D. *et. al. Empreendedorismo*. 7. ed. Porto Alegre: Bookman, 2009.

JOHNSON, K. D. *A mente do empreendedor*. Bauru: Astral Cultural, 2019.

LARSSEN, E. B. *Este é o seu melhor? O poder do treinamento mental*. Petrópolis: Vozes, 2016.

MARQUES, J. R. A história do empreendedorismo – saiba como tudo começou. *José Roberto Marques Blog*. 2021 Disponível em: <https://jrmcoaching.com.br/blog/a-historia-do-empreendedorismo-saiba-como-tudo-comecou/>. Acesso em: 01 set. de 2022.

MEDEIROS, J. B.; HERNANDES, S. *Manual da Secretária*. Lei no 9.261/96 Código de Ética Profissional, 7. ed. São Paulo: Atlas, 1999.

MEUSUCESSO.COM. *Empreendedorismo: definição e origem da palavra*. Meusucesso.com, 2017. Disponível em: <https://meusucesso.com/artigos/empreendedorismo/empreendedorismo-definicao-e-origem-da-palavra-1587/>. Acesso em: 01 set. de 2022.

MONTENEGRO, M. C. *Empreendedorismo e intraempreendedorismo: a bola da vez*. Biblioteca Sebrae. Sebrae Nacional, 2018. Disponível em: <https://www.sebrae.com.br/sites/PortalSebrae/bis/empreendedorismo-e-intraempreendedorismo-a-bola-da-vez,8317080a3e107410VgnVCM1000003b74010aRCRD>. Acesso em: 05 set. de 2022.

MOREIRA, K. D.; SANTOS, A. K.; NETO, L. M. Profissional de secretariado empreendedor. Um agente de mudança. R*evista de Gestão e Secretariado*, 6(1), 2015. Disponível em: <https://www.revistagesec.org.br/secretariado/article/view/311>. Acesso em: 28 jul. de 2022.

PETERS, T. J. *Projetos sim, tarefas não. 50 maneiras de transformar "Tarefas" em projetos de alto impacto*. Rio de Janeiro: Campus, 2000.

PRIBERAM DICIONARIO. *Dicionário priberam da língua portuguesa*. Dicionariopriberam.org, 2008-2021. Disponível em: <https://dicionario.priberam.org/empreender>. Acesso em: 01 set. de 2022.

SANTANDER. *Já ouviu falar em intraempreendedorismo? Descubra o que significa*. Santander – Programa Avançar, 2015. Disponível em: <https://santandernegocioseempresas.com.br/>. Acesso em: 04 set. de 2022.

SEBRAE. *Saiba quais são os principais tipos de empreendedorismo no Brasil*. Biblioteca SEBRAE, Serviço de Apoio às Micro e Pequenas Empresas do Estado de Pernambuco, 1972-2022. Disponível em: <https://bibliotecas.sebrae.com.br/chronus/ARQUIVOS_CHRONUS/bds/bds.nsf/63cdc73f5ebc00b12907b8c6c8093a4c/$File/30745.pdf>. Acesso em: 04 set. de 2022.

WITZEL, M. *50 grandes estrategistas de administração*. São Paulo: Contexto, 2005.

22

QUALIDADE DE VIDA E TRABALHO
SER ESSÊNCIA É ESSENCIAL

Espero nunca descobrir quem sou de fato, assim posso me permitir estar em constante transformação. Conciliar vida pessoal e profissional é um grande desafio. Manter um estilo de vida, contemplando administrar o "Eu" e as adversidades que nos são impostas é um convite a pensarmos em nossas escolhas. Fazer parte deste mundo real, no qual temos de percorrer uma trilha difícil, pode ser encarado com mais leveza. É só querer!

ANDRÉA FERNANDES GUENKA

Andréa Fernandes Guenka

Contatos
www.secretariadosemsegredo.com.br
contato@secretariadosemsegredo.com.br
Instagram: @secretariadosemsegredo
11 99529 1609

Formação e registro profissional em Secretariado Executivo e Técnico em Contabilidade, especialista com MBA em Gestão de Pessoas, certificação internacional em Assessoria Executiva de Alta Performance, pós-graduada em Gestão, Governança e Setor Público. Iniciou a vida profissional em 1991, passando por diversos cargos em empresas de pequeno e grande porte. Desde 1998, faz parte do corpo funcional do Conselho Regional de Contabilidade do Estado de São Paulo, atuando no assessoramento da diretoria executiva e do conselho diretor. Fez parte da Diretoria da ARM (Associação Recreativa Mercúrio) – gestão 2019/2020, exercendo o cargo de secretária. É empreendedora na área de secretariado remoto e mentoria, fundadora do Secretariado Sem Segredo, e voluntária em projetos sociais na organização de eventos e outras frentes.

A frase atribuída ao filósofo chinês Confúcio (551 a.C - 479 a.C): "Escolha um trabalho que ame e não terá que trabalhar um único dia em sua vida" remete a reflexões para a busca do equilíbrio entre trabalho e qualidade de vida.

Qualidade de vida passa a ser palavra de ordem para o ser humano. À medida que há mudança no *mindset*, há evolução em diversos aspectos da existência de cada ser, o que leva às mais incríveis realizações.

A mudança de *mindset* pode ressignificar a relação da pessoa com o trabalho. A capacidade de desenvolver habilidades trabalhando essas mudanças, pautadas em boas estratégias e orientações de bem-estar, traça novos rumos, levando cada um a explorar o máximo de seu potencial.

Evoluir profissionalmente e apresentar a melhor versão não é um caminho fácil. São muitos desafios entre a vida profissional e pessoal. As vivências e convivências, que moldam a trajetória de qualquer pessoa, são um convite para mergulhar em um processo de transformação constante, principalmente em época de mudanças comportamentais e tecnológicas. Mas quando se coloca a alma no que faz, torna-se ainda mais significativo.

Nunca será só amor ou só dor para quem escolhe estar a serviço do outro, de forma tão intensa e comprometida. Assim é a vida de um profissional de secretariado.

No cenário atual, reinventar-se a fim de criar um universo propício ao alcance dos propósitos, especialmente no que diz respeito às necessidades de satisfação, autoestima e realização, é crucial e prepara para as adversidades que surgem ao longo da jornada.

O profissional de secretariado desempenha o papel de agente facilitador contribuindo para o desenvolvimento da organização e das relações humanas. Assim, apresentar entregas de excelência o coloca em evidência.

Andréa Fernandes Guenka

As demandas atuais do mercado de trabalho exigem profissionais que tenham habilidades e competências diferenciadas, sobretudo que sejam resilientes e tenham condições para administrar situações adversas com rapidez e eficiência.

É comum ouvir que muitas profissões findarão no futuro. Mas será que nos incluímos neste rol? Competências socioemocionais validam competências técnicas e inovar não é seguir uma receita. Preparar-se é necessário e deve ser associado nas mentes humanas.

É fato que a tecnologia ocupa um espaço cada vez maior na vida das pessoas e, com o metaverso batendo à porta, estará fadada a evoluir na velocidade da luz. Mas como fica a humanização dos processos?

Como as pessoas, as organizações devem reconhecer que as mudanças estão ocorrendo nos âmbitos da tecnologia e da inteligência emocional, em ambas as situações, nem um, nem outro âmbito deve estagnar ou procrastinar.

Se deslocar o olhar para a disruptura como algo natural, será disseminada uma maneira diferente de evolução. Há uma pressão constante para lidar com tantos avanços tecnológicos e com as vulnerabilidades pessoais.

Aqueles que buscam métodos que auxiliam na manutenção do equilíbrio conseguem focar no conhecimento, autorrealização, autoestima, autocuidado, conexão, compartilhamento e empatia, estando mais propícios a serem protagonistas da vida e da carreira.

Enquanto profissional de secretariado, para manter visão e missão focadas, a tendência é a consonância e busca incessante por fazer a diferença. Ser profissional de secretariado é:

- antecipar-se, simplificar e dar soluções;
- entender e atender;
- servir e cuidar;
- direcionar;
- capacitar-se e evoluir;
- ser sutil, ter leveza e empatia.

Esses profissionais são desafiados o tempo todo e, possivelmente, não serão substituídos por máquinas. *Soft skills* são o que nos faz humanos, e os humanos devem usar as máquinas. Isso significa que o trabalho deve ser humanizado e ter essência. Amadurecer enquanto profissional, acompanhando as tendências e desenvolvendo habilidades técnicas e emocionais, são prerrogativas inerentes aos que escolhem secretariar.

No universo secretarial, ser essência é o mesmo que estar em sintonia com aquilo que você se propõe a fazer; e ser essencial é ser lembrado e requerido por aquilo que faz bem. Ter amor por aquilo que se faz torna tudo mais leve. Elevar-se em prol daquilo que é o propósito faz ainda mais sentido.

Todo ser humano pode alcançar esse patamar de realização profissional e pessoal? Não se sabe. Mas como dito no início, deve haver um equilíbrio para resultados positivos e êxito no âmbito das relações pessoais, do profissional e da saúde (física, mental ou emocional).

Segundo Bernard Marr, em artigo produzido para a Revista Forbes, 10 habilidades de carreira estarão em evidência na próxima década, sendo elas:

1. alfabetização digital;
2. alfabetização de dados;
3. pensamento crítico;
4. inteligência emocional;
5. criatividade;
6. colaboração;
7. flexibilidade;
8. habilidades de liderança;
9. gestão de tempo;
10. curiosidade e aprendizado contínuo.

Ao equilibrar todas essas habilidades, será possível ter o êxito almejado ou, ao menos, fazer com que a relação pessoal e profissional tenha mais fluidez. Para exemplificar como buscar esse nível de equilíbrio, vou fazer um breve relato da vida de uma pessoa que tenho como inspiração e motivação para ser cada dia melhor.

De família humilde, seus pais não tiveram estudo (sua mãe, do lar, e seu pai, empregado de metalúrgica). Teve uma infância tranquila, como deve ser. Quando tinha sete anos, sua irmã nasceu. Seus pais estavam muito felizes. Realizavam sonhos. Acabavam de adquirir um terreno, a ser pago em várias prestações, e iniciavam a construção da casa própria. Mas, de repente, a metalúrgica em que seu pai trabalhava faliu e ele se viu desempregado, com uma mão na frente e outra atrás.

A situação ficou difícil. Uma recém-nascida e uma criança de 7 anos. Dependeram da ajuda de muitas pessoas. Pessoas que foram verdadeiros anjos em suas vidas. Quantas vezes viu seus pais chorando, com medo de que faltasse o essencial para a sobrevivência. Mas eles se alimentavam dessas lágrimas para ter forças e seguirem em frente.

Por mais de um ano, seu pai bateu em várias portas, em busca de uma nova oportunidade, sem êxito. À sua mãe foi oferecido um curso gratuito de confeitaria e, assim, ela começou a trabalhar para fora, fazendo doces e bolos.

Atendia encomendas e mantinha a casa até seu pai se recolocar. Enquanto não melhorava a situação, eles decidiram parar de pagar aluguel. Venderam as alianças de casamento para instalar as portas e janelas. Então, se mudaram para o novo lar. Seu pai conseguiu um novo emprego e, aos poucos, a situação foi estabilizando.

Veio a adolescência. Seus pais sempre primaram pelo estudo das filhas. Ela fez alguns cursinhos, oferecidos pela associação de bairro, entre eles: datilografia e informática. Não sabia, mas aí começava a sua relação de amor com o secretariado.

Aos 14 anos, já trabalhava com a mãe em troca do valor da entrada na danceteria no fim de semana (amava dançar!). Aos 15 anos, iniciou um relacionamento com uma pessoa 10 anos mais velha. Foram sete anos de namoro. Nesse tempo, também se formou como técnica em Contabilidade. Fez um estágio em um escritório de contabilidade. Foi recepcionista em uma importadora de produtos óticos. Iniciou a faculdade de Administração de Empresas, com ênfase em Comércio Exterior, fez até o terceiro ano e trancou. Não ter uma segunda língua impedia o seu avanço. As empresas onde buscava uma oportunidade exigiam esse requisito e não tinha condições financeiras de manter a faculdade e um curso de inglês.

A empresa em que trabalhava fechou, mas logo uma grande rede de hipermercados se instalou no Brasil e ela foi admitida como operadora de caixa. Dedicada, em poucos meses recebeu duas promoções, passando a encarregada de tesouraria. Mas o trabalho no comércio era árduo. Deixou de comemorar os natais em família, finais de semana junto ao namorado eram raros. O relacionamento começou a desgastar e, atendendo um pedido dele, deixou o trabalho.

Casou-se, dedicou-se à casa e ao marido. Tudo parecia normal. O primeiro ano passou, ganhou 20 quilos em seu peso (nunca foi magra, mas passou a ser obesa). O marido não estava satisfeito profissionalmente e passou a se aventurar em negócios, que não progrediam.

Ela decidiu voltar ao mercado de trabalho. Muito difícil, a crise econômica estava aterrorizante. Viu um anúncio no jornal para um concurso público. Fez a prova. Despretensiosa, surpreendeu-se com a aprovação entre centenas de candidatos. Não foi admitida de imediato, ficou para as vagas reservas. Passados alguns meses, foi chamada para sua felicidade. Novamente: salário e benefícios.

Enfim, poderia realizar outro sonho: ser mãe. Tinha a preocupação: só teria um filho quando pudesse dar a ele as mesmas condições ou a mais da vida que vivera até ali. Seis meses, após a admissão, ficou grávida.

Gravidez complicada, problemas sérios por conta da obesidade. Seu filho nasceu prematuro, foi direto para a UTI. No 12º dia de internação, o médico o desenganou. Por conselho de uma amiga religiosa, fez um pedido às forças divinas e, no 15º dia, seu filho teve alta.

Licença-maternidade, cuidados para o bebê, cuidados para a casa, cuidados para o marido e, ela sem cuidados. Voltou a trabalhar, bebê na creche, marido desempregado, pais morando em outra cidade. Para ajudar, outra oportunidade de promoção no trabalho, mas teria de voltar a estudar. Deu início a outra faculdade, dessa vez, Ciências Contábeis. Foi promovida. Mas sua vida pessoal ia de mal a pior.

Em casa, sofria assédio moral, psicológico e financeiro. Sua saúde se deteriorou. De novo, trancou a faculdade. Trabalhava no mínimo 12 horas por dia e passava outras quatro horas no trânsito. Não tinha mais tempo com seu bem maior: o filho. Tentava um pouco tempo de qualidade com ele, mas não foi o suficiente. Isso os afastou.

Certo dia, foi internada com um pico altíssimo de glicemia. Iniciou um tratamento sério. O médico, em determinado momento, lhe ofereceu a possibilidade de fazer uma cirurgia bariátrica. Por tantas internações constantes e situações constrangedoras por estar obesa, não pensou duas vezes. Não que estar acima do peso fosse um problema, mas estava afetando, indiretamente, as pessoas que amava, principalmente atentando com a própria vida. Fez a cirurgia, em poucos meses, perdeu 45 quilos. Sua saúde teve uma melhora considerável.

Mas não foi o suficiente para elevar sua autoestima. Faltava ainda a realização profissional. Teve novamente a oportunidade de uma promoção, mas dessa vez era necessário o curso superior concluído. Perdeu a chance. Voltou ao curso de Ciências Contábeis. Quando por uma estafa profissional e pessoal, entrou em estado de depressão, fez tratamento clínico, mas dia após dia chegava cada vez mais ao fundo do poço.

Seu filho na adolescência, o relacionamento era muito difícil. Tiveram muitos conflitos. O casamento já não existia. Eram três pessoas dentro de uma casa que não tinham convívio nenhum.

Mais uma vez, pessoas especiais cruzaram seu caminho e indicaram um tratamento alternativo, baseado em princípios espirituais. E um belo dia, talvez o mais assertivo de sua vida, se desgarrou de tudo aquilo que lhe fazia mal.

Nesse momento da vida, completaria 40 anos de idade. Dizem que a vida começa aos 40, e para ela começou. Deu continuidade à faculdade de Ciências Contábeis. Fez os quatro anos do curso, mas ficou em dependência em duas matérias. Conheceu um novo amor. Ele aceitou seu filho como se fosse dele próprio. O relacionamento dela com o filho mudou da água para o vinho.

Por uma exigência profissional, optou por não cursar as duas dependências naquele momento e iniciou uma graduação em Secretariado Executivo. Formou-se. Fez uma especialização, uma certificação internacional, e iniciou uma pós-graduação. Floresceu a curiosidade por diversos assuntos e busca constante por conhecimento. Empreendeu e compartilhou suas experiências e aprendizados com outras pessoas. Hoje é reconhecida profissionalmente.

É voluntaria em ações sociais que tocam seu coração. Aprendeu que fazer o bem ao próximo faz um bem enorme a si mesmo. Casou-se novamente. A cumplicidade e sintonia do casal é incrível. Ele a apoia em tudo. Juntos, crescem a cada dia. São parceiros, cuidam da saúde, praticam esporte, se alimentam adequadamente, buscam a espiritualidade, são voluntários, viajam, tratam os assuntos familiares com cautela e leveza. Foi a segunda decisão mais assertiva em sua vida. Seus planos futuros são potencializar a felicidade. Dar continuidade aos assuntos inacabados e buscar novos propósitos.

Prazer, esta sou EU! E me permita lhe oferecer algumas dicas para alcançar este estado de *flow*:

- tenha uma alimentação saudável e beba água;
- pratique uma atividade física;
- se reconheça. Faça elogios a si mesmo(a);
- não se compare com os outros;
- relacione-se com pessoas que transmitam coisas boas;
- tenha espiritualidade;
- crie um ritual de relaxamento;
- se identifique em uma causa e seja voluntário(a).

Acredite, você pode!

Referências

BRUNET, T. *Especialista em pessoas soluções bíblicas e inteligentes para lidar com todo tipo de gente.* São Paulo: Planeta, 2020.

DUHIGG, C. *O poder do hábito: por que fazemos o que fazemos na vida e nos negócios*. Rio de Janeiro: Objetiva, 2012.

DWECK, C. S.; DUARTE, S. *Mindset: a nova psicologia do sucesso*. Rio de Janeiro: Objetiva, 2017.

SAMPAIO, J. *Teoria crítica secretarial*. Brasília: Ed. do autor, 2021.

MARR, B. *10 habilidades de carreira mais importantes na próxima década*. Disponível em: <http://forbes.com.br/carreira/2022/08/10-habilidades-de-carreira-mais-importantes-na-proxima-decada/>. Acesso em: 14 fev. de 2023.

23

ASSESSORIA
PRESENCIAL, REMOTA E HÍBRIDA

O objetivo deste capítulo é apresentar, de forma genuína, uma breve e clara visão dos três modelos de trabalho do secretariado diante das transformações do mercado. A ideia é contribuir com os leitores nas suas reflexões, destacando algumas vantagens e desvantagens de cada modelo, a fim de colaborar para que façam escolhas mais assertivas, alinhadas aos objetivos pessoais e profissionais.

ARTEMÍSIA ALVES E IDELMA GIL

Artemísia Alves

Contatos
artemisia@inclittus.com
www.inclittus.com
Instagram: @inclittusassessoria
LinkedIn: www.linkedin.com/in/artemisia-alves

Formada em Secretariado pela FECAP e graduada em Gestão de Negócios Empresariais pela Universidade Anhembi Morumbi. Carreira com mais de 28 anos de experiência, assessorando executivos *C-level*, vice-presidentes e diretores em empresas multinacionais de grande porte. É cofundadora na Ínclittus Assessoria Executiva & Empresarial, secretária remota e assessora de comunicação institucional na SBTD – Sociedade Brasileira de Treinamento e Desenvolvimento.

Idelma Gil

Contatos
idelma@inclittus.com
www.inclittus.com
Instagram: @inclittusassessoria
LinkedIn: www.linkedin.com/in/idelmagil

Formação técnica em Administração de Empresas e bacharelado em Letras pela Universidade Anhembi Morumbi. Desenvolveu sua carreira, ao longo de 35 anos, no setor privado, sendo mais de 25 assessorando executivos em empresas multinacionais de grande porte. É cofundadora na empresa Ínclittus Assessoria Executiva & Empresarial e faz parte do Comitê Executivo da SBTD – Sociedade Brasileira de Treinamento e Desenvolvimento, atuando como assessora de comunicação institucional.

Assessoria presencial

A assessoria presencial ainda é o modelo mais conservador no mercado de trabalho, muito pelo fato de o profissional de secretariado ser quem coordena as atividades e a rotina da área e dos funcionários de suporte e ser quem gerencia a agenda dos executivos, além de várias outras demandas de grande relevância. Parece simples, mas não é. Gerenciar a agenda de um executivo exige muita habilidade, proatividade, conhecimento e poder de decisão e, deste profissional depende a jornada, a produtividade, o sucesso do executivo e, consequentemente, os resultados da empresa.

Com base na importância do profissional de secretariado dentro da organização, inclusive pelo fato de ser uma profissão que detém uma série de informações confidenciais, a presença física torna-se essencial para muitas empresas e executivos que acreditam ser esta a forma mais eficiente de assessoria.

Neste modelo, o profissional precisa se deslocar ao escritório todos os dias e lá exercer todas as suas atividades, dentro do horário determinado pelo contrato de trabalho, que normalmente é de oito horas.

Presencialmente, ele tem acesso a um suporte técnico mais ágil, bem como à facilidade de solucionar problemas rotineiros e oferecer o apoio operacional e estratégico ao executivo e às equipes.

Assessoria remota

Ao contrário do que muitos pensam, este modelo, assessoria remota, não começou apenas com a chegada da pandemia da covid-19, que exigiu o distanciamento social. Ele surgiu no Brasil oficialmente em 20 de agosto de 1997, durante o seminário "*Home Office/Telecommuting* – Perspectivas de Negócios e de Trabalho para o Terceiro Milênio", durante o qual foi lançado o primeiro livro sobre o assunto em português.

De acordo com a legislação trabalhista (artigo 75-B da CLT), considera-se teletrabalho (telepresencial/remoto) a prestação de serviços, principalmente, fora das dependências do empregador (empresa). Isso quer dizer que o teletrabalho tem como principal característica o local em que os serviços serão prestados, ou seja, fora do estabelecimento da empresa, sem prejuízo de eventuais serviços que venham a ser realizados nas dependências.

Nos últimos quatro anos, antes da pandemia, algumas empresas já estavam adotando o *home office*, porém de maneira muito tímida. Com a chegada da pandemia, a maioria das empresas, com seus colaboradores em casa, teve que adotar o *home office* para dar continuidade às suas atividades e manter o bom andamento dos negócios. E assim, a consolidação do *home office*/trabalhos remotos passou a fazer parte de uma nova cultura no mundo corporativo e cada vez mais vem se consolidando.

Atualmente, há várias plataformas e ferramentas de produtividade e organização que auxiliam nos processos de gestão de tempo, planejamento e acompanhamento das atividades diárias, como: Zoom Meeting, Google Hangouts, skype, Trello, GTD® – Getting Things Done, Evernote, Runrun.it, Hash Track, Neotriad, MS Planner, TeamViewer, Todoist, Remember the Milk e várias outras.

Assessoria híbrida

A assessoria híbrida mescla a jornada de trabalho remota e presencial, na qual os profissionais alternam entre dias de atividade em *home office* e no escritório.

O principal pilar para uma gestão híbrida eficiente é adotar ferramentas para que as pessoas se comuniquem onde quer que elas estejam. Assim, o profissional executa quaisquer atividades sem contratempos e tem autonomia para gerenciar as suas rotinas.

Com o modelo de trabalho híbrido, é possível o compartilhamento das agendas, permitindo ao profissional de secretariado gerenciar a rotina de compromissos de seus executivos com a mesma eficiência, acessar os sistemas operacionais da empresa para emissão dos relatórios, reservar as salas para os dias presenciais, elaborar as viagens, participar on-line das reuniões e emitir as atas, aprovar materiais entre as equipes, por meio dos comentários e *chat* de projeto.

Vantagens e desvantagens dos três modelos de assessoria

De acordo com o Dicionário da Língua Portuguesa, a palavra "vantagem", entre várias definições, significa benefício e a palavra "desvantagem" é o oposto, ou seja, prejuízo.

Partindo dessa definição, é possível elencar algumas das vantagens e desvantagens desses três novos modelos de trabalho e os impactos que podem gerar para empregados e empregadores e, especificamente, para o profissional de secretariado, pois esses prós e contras devem ser considerados tanto para quem está iniciando a carreira quanto para aqueles que buscam uma mudança.

- O **modelo presencial** traz como principal vantagem o convívio social, a oportunidade de conhecer e conviver diariamente com outras pessoas, intensificando as relações de trabalho, o alinhamento das equipes, a troca de experiências e aprendizados, a exposição junto aos demais colegas, a resolução mais ágil de situações do dia a dia e também o melhor acompanhamento das atividades por parte dos gestores.

Por outro lado, neste modelo, o funcionário precisa se deslocar ao local de trabalho para exercer suas atividades. Há quem não se incomode com essa questão, talvez por já estar acostumado com esta rotina, mas para outras pessoas, se deslocar todos os dias e enfrentar o trânsito pode ser um fardo.

O deslocamento muitas vezes é longo e demorado. A segurança no trânsito é deficiente, seja para quem utiliza transporte público ou particular, deixando todos expostos à violência. A vida pessoal fica de certa forma comprometida, pois não sobra tempo para resolver determinados assuntos, que acabam ficando para segundo plano. Esse ponto gera demasiado estresse e causa um impacto negativo considerável na produtividade e, consequentemente, nos resultados esperados.

Tudo isso se reflete também para o profissional de secretariado, seja nos pontos positivos ou negativos, por isso a importância de avaliar ambos os lados para tomar a decisão mais adequada a cada realidade.

Para o empregador, a maior desvantagem são os altos gastos com a infraestrutura que uma empresa precisa para manter um ambiente saudável e para seu bom funcionamento, embora, para muitos, este não seja um grande problema se comparado aos resultados que, a seu ver, conseguem atingir.

- O **modelo remoto**, diferente do presencial, tem mostrado que, sim, é possível e garante resultados tão bons quanto o trabalho presencial.

Neste modelo, podem-se destacar três vantagens relevantes.

É possível trabalhar de qualquer lugar do mundo, pois todo o trabalho é realizado de forma on-line e, atualmente, há várias ferramentas tecnológicas que possibilitam conexões perfeitas e compartilhamento de documentos de forma ágil e segura.

Há um considerável aumento de produtividade por dois fatores. Primeiro, porque não há necessidade de deslocamento até o escritório, o que garante em média um ganho de duas a três horas por dia. Segundo, porque há menos interrupções, fator muito frequente para quem trabalha de forma presencial, principalmente para o profissional de secretariado, que é acionado a todo momento, seja pelo gestor direto, por membros da equipe ou por qualquer pessoa de qualquer área da empresa, para fornecer informações ou para resolver problemas.

Outro fator de destaque é o ganho em flexibilidade e autonomia para conciliar a vida profissional e pessoal, gerando um grande impacto positivo na qualidade de vida.

Uma das principais desvantagens deste modelo é a falta de convívio social, pois embora a tecnologia possibilite o contato visual e auditivo, não se compara com o encontro presencial, no qual a interação e o olho no olho aproximam as pessoas e intensificam as relações, além de promover momentos de descontração e diversas trocas de informações e experiências.

Outra desvantagem é uma possível falha na comunicação, que pode gerar desconfortos e atrasos no andamento de algumas atividades.

Para o empregador, a grande e principal vantagem é, sem dúvida, a redução dos custos, cujo impacto no orçamento é bem significativo. Como desvantagem, pode-se destacar o acompanhamento das atividades a distância, o qual depende da condução de uma boa liderança para que o trabalho não fique prejudicado.

• O **modelo híbrido** é para muitos considerado o melhor e mais adequado dos três, pois agrega as vantagens e enfraquece as desvantagens do modelo presencial e do remoto.

Aqui há a possibilidade de se conciliar as demandas de trabalho sem prejuízos para ambos os lados, pois é possível, em comum acordo com o empregador ou executivo, definir o melhor ou os melhores dias para estar no escritório, de acordo com as demandas.

Quando se trata de uma reunião importante, é melhor estar presente fisicamente para garantir o sucesso de toda a logística e oferecer o suporte necessário ao anfitrião e aos participantes da reunião. Já outras demandas, como gerenciar a agenda de um executivo, por exemplo, são perfeitamente possíveis de serem realizadas à distância, desde que se faça uso de uma ferramenta tecnológica adequada, além de um bom alinhamento entre ambas as partes.

Vale lembrar que disciplina, responsabilidade e comprometimento devem andar lado a lado para que os resultados esperados por ambas as partes sejam atingidos.

Competências do profissional próspero

A palavra "competência" tem origem do latim *competere*, que significa aptidão para cumprir uma tarefa ou função e refere-se à soma dos conhecimentos, habilidades e atitudes de um indivíduo cujo termo é muito conhecido como: CHA (C – Conhecimentos: informação, saber o quê, saber o porquê; H – Habilidades: técnica, capacidade; A – Atitudes: querer fazer, identidade, determinação).

As competências são classificadas em:

- *Hard skills:* habilidades técnicas (aquelas que adquirimos por meio de treinamentos, cursos, palestras).
- *Soft skills:* habilidades humanas, comportamentais (relacionadas à capacidade de lidar com as emoções).

Independente dos modelos presencial, remoto ou híbrido, algumas competências são fundamentais e indispensáveis para que o profissional de secretariado tenha êxito em sua carreira. Aqui focamos apenas as *soft skills* e selecionamos algumas das mais exigidas no mercado de trabalho:

- **Organização e planejamento:** saber organizar a mesa de trabalho, manter os documentos organizados de forma clara e objetiva, buscar maneiras eficientes de planejar a semana.
- **Disciplina e gerenciamento do tempo:** definir um método, ter determinação, concentração e regularidade, ser capaz de identificar e saber conduzir o tempo gasto com atividades específicas.
- **Comunicação:** comunicar de forma objetiva, transmitir confiança e credibilidade, saber ouvir e compreender, ter empatia, falar o suficiente, ter transparência, objetividade, posicionamento e autoconfiança.
- **Negociação:** preparar-se para uma negociação efetiva, estudar e ter o domínio das informações a serem tratadas, saber se posicionar e se comunicar, lembrando sempre que negociar é uma faca de dois gumes.
- **Gestão de conflitos:** ter calma, bom humor, manter o equilíbrio, ter respeito e comprometimento profissional, valorizar opiniões divergentes.

- **Espírito de equipe:** estar sempre disponível para colaborar com os pares e colegas de trabalho, sabendo que tudo faz parte de um todo.
- **Inteligência emocional:** buscar o autoconhecimento para saber gerenciar as próprias emoções, além de conhecer e saber como lidar com as emoções alheias.
- **Criatividade empreendedora:** inovar nas tarefas diárias, buscar constantemente a informação, conhecer pessoas e lugares novos, anotar cada pensamento ou ideia e acompanhar o trabalho de pessoas criativas.

Todas essas habilidades podem ser desenvolvidas e aprimoradas ao longo do tempo por meio de treinamentos, mentorias e autodesenvolvimento. Manter-se atualizado e aprender a utilizar as ferramentas que facilitam a rotina do dia a dia e fazer uso do aprendizado constante são fundamentais nesse processo.

Conclusão

Percebe-se que cada modelo tem suas particularidades, seus prós e contras e, embora o trabalho remoto, como já dito anteriormente, tenha surgido no Brasil em 1997, somente após a pandemia, iniciada em 2020, muitas empresas começaram a adotá-lo como uma nova forma de trabalho e puderam constatar seus benefícios. Algumas acabaram optando pelo modelo híbrido pelos motivos também já mencionados; outras preferiram manter o modelo presencial por serem mais tradicionais ou mesmo por não ter essa flexibilidade em função do tipo de segmento ou serviços que oferecem.

O importante é saber que, atualmente, existem essas opções no mercado e, para ser um profissional bem-sucedido e feliz na realização da função, conhecê-las e explorá-las garante a possibilidade de fazer uma escolha mais confiante, levando-se em consideração aquela que mais seja adequada ao estilo de vida de cada indivíduo e às oportunidades que cada um deseja abraçar.

Referências

CONASUM 2019 – *Uma Análise histórica do teletrabalho (home office) no Brasil*. Disponível em: <https://eventosacademicos.ufmt.br/index.php/CONASUM/conasum2019/paper/viewFile/13707/2644>. Acesso em: jan. de 2023.

ROCHA, C. T. M.; AMADOR, F. s. *O teletrabalho: conceituação e questões para análise*. Cadernos EBAPE.BR, v. 16, n. 1, pp. 152-62, 2018. Disponível em: <https://www.scielo.br/pdf/cebape/v16n1/1679-3951-cebape-16-01-152.pdf>. Acesso em: jan. de 2023.

24

A DIVERSIDADE COMO FATOR POSITIVO NO SECRETARIADO

Alcançar um local de trabalho verdadeiramente diversificado e inclusivo dá muito trabalho. Devemos lidar com os preconceitos que as pessoas adotam em um nível inconsciente, preconceitos profundos ou estereótipos transmitidos pela educação e pela mídia de massas, que influenciam nossas percepções sobre os outros, mas não é uma tarefa impossível.

MARA KOCHEN

Mara Kochen

Contatos
kochenma@gmail.com
LinkedIn: www.linkedin.com/in/marakochen

Sólida experiência profissional adquirida ao longo de 30 anos atuando como assistente executiva e *office manager*, assessorando executivos de alto nível hierárquico em grandes corporações e *startups* como CAF, Mattel do Brasil, A.T. Kearney Consultoria de Alta Gestão, Reebok do Brasil entre outras, tendo criado, nesse período, uma curva ascendente de desenvolvimento, especialmente na assessoria a expatriados. Fluente em inglês e espanhol, com especialização em Língua Inglesa pela Universidade Católica de Santos.

> *A diversidade é sobre os ingredientes, a mistura de pessoas e perspectivas. A inclusão é sobre o contêiner, o lugar que permite que os colaboradores se sintam pertencentes, aceitos e diferentes. Você precisa de um grupo de pessoas que pensem de forma diferente em um contêiner que seja seguro o suficiente para compartilhar essas diferenças.*
> JOE GERSTANDT

Quando penso na palavra "diversidade", uma gama de significados e palavras vem à mente num piscar de olhos. E quando buscamos em qualquer dicionário, os significados também são descritos de forma parecida, mas em alguns casos, até com palavras diferentes.

Se olharmos no site "significados.com", "diversidade significa variedade, pluralidade, diferença. É um substantivo feminino que caracteriza tudo que é diverso, que tem multiplicidade. É a reunião de tudo aquilo que apresenta múltiplos aspectos e que se diferenciam entre si, ex.: diversidade cultural, diversidade biológica, diversidade étnica, linguística, religiosa etc."

Tudo a ver com o trabalho do profissional de secretariado, não é mesmo? Mas como está sendo tratada a diversidade no local de trabalho para o profissional de secretariado?

De acordo com a revista on-line *Executive Support Magazine*, atualmente lidamos com a diversidade em relação a uma variedade e multiplicidade de tarefas que esse profissional provavelmente realizará no local de trabalho. Ele apoia as várias atividades e responsabilidades de um ou mais gerentes ou executivos de todas as faixas etárias. Como resultado, quase tudo e qualquer coisa que se enquadra nos parâmetros do trabalho de seu executivo também se enquadra nos parâmetros do trabalho do profissional de secretariado. Ressaltando a importância da senioridade na função. E senioridade não somente na idade, mas também (e principalmente) na experiência. À medida que os níveis de gestão diminuem, mais e mais profissionais de secretariado se tornam responsáveis por mais e mais tarefas e diferentes responsabilidades.

É sempre bom relembrar que a diversidade por si só não impulsiona e significa inclusão, apenas uma variedade de pessoas de diferentes espectros. Inclusão é considerar e valorizar a contribuição de todos para a tomada de decisão; existem vários elementos da diversidade que podemos citar:

- valores;
- capacidade/deficiência;
- idade;
- linguagem;
- personalidade;
- religião;
- educação
- cultura/etnia;
- classe social.

Essa lista resume as diferentes maneiras pelas quais as pessoas são diversas no local de trabalho. Também levemos em consideração como essas pessoas pensam, qual é a perspectiva delas, se estão incluídas em seu trabalho diário... Todos esses aspectos da diversidade estão interligados, um afeta o próximo e influencia o outro.

Como profissional do secretariado, você geralmente é visto como um representante do escritório do seu executivo. Por isso, é importante aceitar outras opiniões, mesmo que possam diferir da sua. As pessoas precisam entender que não há problema em ter valores e opiniões diferentes. O valor diferente de um não significa que seja superior ou menos importante do que outro. Outro ponto de atenção: os executivos também vêm com diferenças e, portanto, seus assistentes devem ter a mente aberta e não julgar, pois trabalham com indivíduos diferentes. Em certos contextos e culturas, gênero significa que os papéis desempenhados no local de trabalho são binários (masculino e feminino). Você pode encontrar uma mulher muito obstinada que gosta de liderar ou para quem dar ordens é algo natural; você também pode encontrar um homem que funcione melhor seguindo instruções e não tomando inteiramente as grandes decisões. Esses dois estão assumindo papéis diferentes do que se espera deles, e entender esses diferentes aspectos cria uma plataforma confortável para eles sem criar equívocos sobre sua individualidade.

Como profissional do secretariado, você já sentiu como se suas opiniões não importassem, mesmo que alguém as pedisse? É verdade que pediram sua ideia, mas ela foi incluída na decisão final tomada ou alguém achou que você era jovem demais para contribuir com sabedoria ou velho demais e com ideias arcaicas? Ou até que você conseguiu esse emprego por seu local de origem e *background* ou de seu gênero?

Minha experiência nos últimos anos vem sendo trabalhar em *startups*. Mesmo sabendo que, basicamente, estarei cercada por uma liderança jovem, tenho conseguido me adaptar a essa nova geração de executivos com bastante sucesso. É um tipo de diversidade difícil de classificar, pois temos a diferença de idade *vs.* pouca ou muita experiência *vs.* velocidade na adaptação às novas tecnologias.

No caso dos que lidam com a diferença de idade e, por consequência, são mais experientes, o trabalho remoto e as novas tecnologias fazem com que tenhamos que ser mais empáticos e compreensivos com os mais jovens e mais interessados no aprendizado dessas novas ferramentas digitais, que é justamente o forte da nova geração. E, por mais incrível que pareça, os mais jovens têm uma ideia bem arcaica a respeito dos profissionais de secretariado executivo.

Trabalhando em formato híbrido, meu dia a dia acaba tendo muitas reuniões on-line. Com o time crescendo de forma acelerada, tanto nacional como internacionalmente, não temos tempo de nos conhecer, apenas discutir os assuntos a serem tratados, e são poucas as oportunidades de interação. Procuro sempre manter o contato com o líder ou alguém da equipe, mesmo que seja apenas uma saudação por texto, com algum comentário sobre a reunião, para que eu possa conhecê-los um pouco e tentar algo similar ao "cafezinho" após a reunião, que tínhamos em um passado não tão distante. Esse contato é fundamental para que eles entendam que a função do profissional de secretariado vai além de assessorar apenas o executivo, sendo também aquele ponto de contato confiável, em que estratégicas colaborações no dia a dia podem ser o gancho que faltava para a complementação de um projeto.

A importância da senioridade e experiência

De acordo com o artigo "Deveria a assistente executiva do CEO fazer parte do time de liderança?", escrito por Anastasia Kelly, nos últimos anos, mais e mais profissionais de secretariado estão entrando em equipes de liderança sênior. Os CEOs progressistas reconhecem que eles desempenham papel vital na entrega de seus KPIs e metas mais amplas da empresa, e capacitar seus assistentes para fazer parte da equipe de liderança sênior traz benefícios consideráveis para os CEOs.

Portanto, se você é um CEO e está se perguntando se o seu assistente deve fazer parte da equipe de liderança sênior, considere os benefícios a seguir.

A melhor tomada de decisão

Ao ter assistente executivo como membro sênior da equipe de liderança, há mais espaço e liberdade para o CEO, já que tira mais proveito da carga diária do seu trabalho, permitindo que ele tenha mais tempo para se concentrar em questões vitais, sem prejudicar a produtividade. E quando os CEOs têm mais tempo para processar e deliberar, há mais tempo para tomar melhores decisões. Esse assistente sênior assume mais responsabilidades, dando ao CEO grandes períodos livre de compromissos, em que o pensamento criativo e as soluções geralmente surgem, levando a uma tomada de decisão melhor e mais confiante.

Os olhos e ouvidos para a equipe de liderança sênior

O profissional de secretariado é um ponto de contato único na organização. Como todos os departamentos e divisões têm contato com o CEO, todos eles o encontram nesse processo. Um profissional de alto nível se posicionará estrategicamente como uma porta aberta em nome do CEO, dando a oportunidade de ser testemunha ocular das sutis maquinações e humores dentro da organização. Muitas vezes, ele é o primeiro a identificar possíveis problemas, conflitos ou problemas culturais. Ele pode ser rápido em alertar a equipe de liderança, garantindo que questões mesquinhas sejam abordadas antes que se transformem em conflitos mais profundos. Desde que tenha voz e poder para isso, esse profissional pode desempenhar papel fundamental na criação de conexões entre as equipes e garantir um forte fluxo de informações de e para o escritório do CEO.

Um defensor do CEO (e das equipes)

O profissional de secretariado pode desempenhar o papel de defensor do CEO de duas maneiras – defendendo questões que precisam de atenção do CEO e vice-versa, garantindo que as equipes entendam a perspectiva e o ponto de vista da liderança. Essa advocacia beneficia todas as partes. Como membro da equipe de liderança sênior, ele pode compartilhar *insights* que outros líderes podem perder, puramente devido à antiguidade de sua posição. Além disso, tem a capacidade de filtrar mensagens da equipe de liderança sênior em toda a organização, garantindo uma forte compreensão dos objetivos da empresa e uma coesão organizacional mais ampla.

A capacidade de agir em nome do CEO

Quando se junta à equipe de liderança sênior, o profissional de secretariado está mais envolvido no funcionamento interno da administração, portanto, mais capacitado para tomar decisões em nome do CEO. Quando assume essa responsabilidade, o CEO tem o poder de se concentrar apenas nas prioridades principais – e o profissional de secretariado, intervindo em seu nome, permite que os projetos continuem, as decisões sejam tomadas sem causar gargalos e carga de trabalho excessiva para o CEO. Isso garante a continuidade dos negócios sem comprometer a adesão à política, metas e direção da empresa.

A capacidade de liderar projetos

Da mesma forma, esse profissional que faz parte da equipe de liderança sênior que conquistou um nível adequado de confiança é capaz de liderar projetos específicos em nome do CEO. Isso mais uma vez libera o CEO para se concentrar em responsabilidades mais importantes e promove uma cultura de determinação, ação e priorização.

Mais *insights* levam a um melhor suporte

Como o foco principal desse profissional é tornar o tempo, os processos e as decisões mais eficazes para o CEO, faz sentido que ele tenha um lugar à mesa. Sem isso, eles são incapazes de entender a dinâmica de importantes decisões de negócios e isso dificulta sua capacidade de defender o CEO. Fazer parte da equipe de liderança sênior garante que esses profissionais tenham visibilidade da estratégia da empresa em nível sênior, o que permite que use essa visão para apoiar as prioridades, o tempo e o processo de decisão do CEO.

A chave para o sucesso: capacitando os profissionais de secretariado

Não se trata apenas de permitir que esse profissional participe de reuniões para ouvir – isso vem acontecendo há décadas. Em vez disso, a equipe de liderança sênior precisa reconhecer o papel exclusivo de seu assistente como parceiro de negócios e capacitá-lo para assumir essa posição de liderança. Se ele não for defendido e apoiado em nível sênior, sua eficácia será sufocada.

Ele só pode representar efetivamente o CEO se cada um tiver uma sólida compreensão das habilidades, compromissos e prioridades do outro. Permitir que os profissionais de secretariado falem e contribuam é potencialmente um desafio, principalmente para qualquer líder sênior com um ponto de vista mais tradicional, que ainda vê esses profissionais como responsáveis por tomar notas e buscar café. Portanto, é importante que eles se sintam apoiados e encorajados com ações simples, como convidá-los para falar, dar-lhes itens da agenda para apresentar e garantir que todos os líderes os tratem de maneira respeitosa.

Alcançar um local de trabalho verdadeiramente diversificado e inclusivo dá muito trabalho. Devemos lidar com os preconceitos que as pessoas adotam em um nível inconsciente, preconceitos profundos ou estereótipos transmitidos pela educação e pela mídia de massa que influenciam nossas percepções sobre os outros, mas não é uma tarefa impossível.

Como profissional do secretariado, você interagirá com muitas pessoas diversas, que podem ou não incluir você ou não se sentirem incluídas por suas ações. Estar ciente disso ajudará bastante a garantir que haja paz e produtividade no local de trabalho.

Referências

KELLY, A. *Should the EA to the CEO be part of the senior leadership team?* Disponível em: <https://www.altitude-ea.com.au/blog/2022/07/should-the-ea-to-the-ceo-be-part-of-the-senior-leadership-team>. Acesso em: 01 mar. de 2023.

RICHSON, S. *Diversity is not inclusion.* Disponível em: <https://executivesupportmagazine.com/diversity-is-not-inclusion/>. Acesso em: 01 mar. de 2023.

25

PROTAGONISMO SECRETARIAL EM SUSTENTABILIDADE SOCIAL

A reflexão sobre a sustentabilidade leva à preservação ambiental, social e econômica. As riquezas da terra, dos mares e do ar são bens que ainda não entendemos plenamente como utilizar. Sermos agentes da mudança é uma decisão que pode ser assumida por cada um de nós. É sobre isso que tratará este capítulo. Boa leitura!

MARIA DO CARMO FERREIRA LIMA

Maria do Carmo Ferreira Lima

Contatos
mariadocarmo@fatecsp.br
YouTube: Do Jeitinho da Maria
LinkedIn: Profa. Maria do Carmo Ferreira Lima
11 99385 2699

Bacharel em Secretariado, mestre em Administração, professora na área de Secretariado desde 2002, criadora do Canal "Do Jeitinho da Maria". Atuou na coordenação do curso de Secretariado da Uninove entre 2005 e 2008. Foi chefe de departamento na FATEC-SP de 2016 a 2021. Palestrante de comportamento e etiqueta empresarial. Coautora no livro *Secretariado em ação* e de artigos científicos publicados na *Revista de Gestão e Secretariado* (GeSec)

Neste momento, a alegria de publicar mais um capítulo de livro voltado ao público secretarial transborda. A decisão do tema que seria abordado foi baseada em tema de interesse social, coletivo e útil ao Secretariado.

O que é sustentabilidade? As definições acadêmicas respondem que se trata do tripé que vai sustentar todo o comércio mundial e que deve se basear na análise ambiental, social e econômica da cadeia de produção.

Todavia, entre a definição e a prática, os caminhos são tortuosos. Não raro, a dificuldade de acesso ao produto adequado nos leva ao consumo inapropriado de produtos que poluem, que exploram mão de obra e que enriquecem poucos em detrimento do sofrimento de milhares de pessoas.

A reflexão sobre a sustentabilidade deve levar a uma equação que inclua preservação ambiental, cuidado e atenção com o ser humano, sem perder de vista a necessidade de retorno financeiro aos investidores. Apesar disso, o que tem sido observado é um cenário caótico, no qual cada um faz o que considera correto a partir das próprias experiências, desconsiderando o bem maior, que seria a preservação do nosso planeta e dos seres que o habitam, incluindo o ser humano.

As riquezas da terra, dos mares e do ar são bens que ainda não entendemos plenamente como utilizar. Imaginamos um planeta sem fim, com recursos que se renovam infinitamente e com seres humanos que podem ser descartados. Viver do lixo, comer do lixo ou comer o lixo parecem ser definições iguais, mas não são.

Viver do lixo está relacionado a reaproveitar tudo aquilo que vem sendo descartado, mas que ainda tem utilidade, seja reutilizando, renovando ou reciclando. Dar novas utilidades, nova roupagem, destinos mais adequados são ações realizáveis por quem vive do lixo. E quem vive do lixo, metaforicamente, "come do lixo", mas isso não precisa representar tristeza, pode ressignificar aquilo que não nos serve mais, mas que ainda traz benefícios no reuso. Por outro lado, comer o lixo é o que se pode ver milhares de "irmãos" fazerem cotidianamente. Nenhuma pessoa deveria comer o lixo.

Apesar da preocupação ambiental fazer parte da agenda dos governos há mais 40 anos, as práticas não condizem com os acordos e compromissos firmados. Países como o Brasil, por exemplo, tardiamente estão implantando políticas de resíduos sólidos. Nesse contexto, podemos usar a máxima "antes tarde do que nunca", mas se a demora na implantação também significar demora no controle das práticas, talvez não haja o que comemorar ou esperança que possa ser vivenciada.

As práticas atuais não são maiores ou melhores que as de nossos pais ou avós, relativamente ao conhecimento de cada geração. No entanto, podem ser. É possível mudar a atual realidade, assumindo a reflexão e o protagonismo em cada ação.

Aurelio Peccei, italiano e filantropo, industrial e presidente honorário da Fiat, em conjunto com Alexander King, escocês, iniciou, em 1968, reflexões sobre o meio ambiente, a economia e a sociedade com outros líderes de empresas para discutir condições de sobrevivência em relação ao futuro do planeta, o que ficou conhecido como o Clube de Roma.

O evento não teve a repercussão desejada, mas fomentou uma nova reunião que ocorreria quatro anos mais tarde. Desse modo, com a ajuda do professor de sistemas Jay Forrester (MIT), foi possível realizar análises automatizadas com o uso de computadores na época, demonstrando uma prospecção sobre a utilização dos recursos naturais, esclarecendo que haveria um colapso mundial se não fosse iniciada imediatamente uma mudança na forma de consumo.

A partir das informações levantadas, foi desenvolvido o primeiro relatório que tratava do futuro do planeta. Anos mais tarde, em abril de 1987, a comissão publicou o Relatório Brundtland ou Relatório Nosso Futuro Comum. Ele apresentou um novo olhar sobre o desenvolvimento, definindo-o como "o processo que satisfaz as necessidades presentes, sem comprometer a capacidade das gerações futuras de suprir as próprias necessidades".

Moretti, Lima e Crnkovic (2011) afirmaram em suas pesquisas que, durante os anos 1990, houve harmonia entre as agendas de organismos internacionais, comunidade empresarial e sociedade civil, facilitando o avanço a respeito da sustentabilidade.

Durante a reunião intitulada como Cúpula da Terra, uma conferência das Nações Unidas sobre o Meio Ambiente e o Desenvolvimento (CNUMAD), também conhecida como Rio 92, surgiu a Agenda 21, documento que foi assumido por mais de 170 países, com o objetivo de criar soluções para os problemas socioambientais mundiais. Esse documento, com mais de 40 capítulos, aborda assuntos como as questões ambientais, a pobreza, a sustentabilidade, o consumo consciente, a saúde, a atmosfera, o ecossistema, dentre outros (MINISTÉRIO DO MEIO AMBIENTE, 2021).

Já em 2006, o ex-vice-presidente dos EUA, jornalista e ambientalista Al Gore, realizou uma palestra sobre como superar as mudanças climáticas. Ele começou discutindo os recordes de temperatura nos Estados Unidos, também protagonizou um documentário que explica o que podemos fazer para mudar essa realidade. Como reduzir as emissões originadas da energia utilizada em casa e por meios de transporte? Comprando um carro híbrido ou utilizando uma bicicleta. Comprar aparelhos com maior eficiência energética, utilizar a calculadora de carbono criada por programadores, visando calcular precisamente as emissões e receber opções para reduzi-las. Integrar soluções climáticas em todas as novas ideias e investir em companhias que ajudam a driblar as mudanças climáticas. Transformar-se em um catalisador de mudanças, aprendendo e ensinando outras pessoas sobre isso, aumentando a conscientização.

E nesse ponto se insere nossa ação como profissionais de secretariado. Considerando o protagonismo, a história, a atuação em diferentes frentes organizacionais, é possível desenvolver projetos que influenciem aspectos sustentáveis, passando por questões ambientais e sociais, gerando resultados positivos para os *stakeholders*, tanto retornos diretos quanto sobre a imagem organizacional, mas indo além do marketing verde, assumindo, de fato, o *Environmental Development Sustainability*.

Como influenciadores das decisões de compras e como elaboradores de ferramentas que fornecem subsídio para que as decisões sejam racionalmente tomadas, podemos propor projetos que vão dos mais simples aos mais elaborados.

Há empresas que hoje incluem, nos processos seletivos para a área administrativa, inclusive no secretariado, projetos sustentáveis. Em sala de aula, como professora de Técnicas Secretariais, durante discussões, os alunos trouxeram ideias que desenvolveram em projetos para estágios. Entre eles: Implantação de Coleta Seletiva Solidária, Horta e Pomar Comunitário, Tecendo amor (roupas para bebês e crianças em vulnerabilidade social), Alimentando Vidas (coleta de alimentos entre funcionários e doação para comunidades carentes).

O que se pode observar é que a educação formal precisa pensar seu papel diante do cenário de degradação ambiental e do crescente aumento de pobres e em situação de extrema pobreza. Por outro lado, o desenvolvimento de projetos sustentáveis em sala de aula leva os próprios estudantes a pensarem e repensarem as práticas de consumo e o que podem fazer pelo ambiente e social.

Segundo Moretti, Lima e Crnokovic (2008), "um mundo sustentável depende de uma sociedade consciente de seu papel na construção desta sustentabilidade, tanto no sentido de cobrar ações dos governos, das empresas, quanto de refletir sobre suas próprias ações".

Durante a Cúpula da Terra, em 1992, foi constatada a importância de uma educação a respeito do desenvolvimento sustentável. De acordo com a ONU (1999), a educação é um dos maiores e mais importantes desafios da humanidade, se tornando ainda mais desafiador quando percebemos a necessidade de inserir questões ambientais.

Ainda segundo esses autores, cada vez mais as empresas têm repensado e mudado os processos de produção, com novos olhares sobre o ambiental e o social: "por exemplo, por gerar trabalho e renda com a coleta de matéria-prima secundária pós-consumo." Assim, inserir a sustentabilidade nas instituições de ensino superior surge com uma grande importância dentro da temática do meio ambiente, para que os futuros profissionais desenvolvam a consciência ambiental (MARCOMIN; SILVA, 2009).

Minha experiência pessoal

Como docente da área de secretariado, além do estudo sobre o assunto, tenho procurado exemplificar práticas sustentáveis por meio de ações sociais, tais como:

• marmitas planejadas, preparadas e entregues ao Serviço Franciscano (SEFRAS), entre abril de 2020 e junho de 2021, totalizando mais de 13 mil marmitas entregues apenas por esse grupo, atendendo os moradores de rua;
• cestas básicas entregues à Comunidade do Levanta a Saia, localizada na Av. Roberto Marinho, próximo à Washington Luis, em São Paulo, totalizando mais de 350 cestas básicas entregues entre abril de 2021 e agosto de 2022;
• arrecadação de moedas para os cofrinhos da Associação de Assistência à Criança Deficiente (AACD), realizada em novembro de 2019, e ainda de março a outubro de 2022;
• arrecadação de alimentos para alunos em vulnerabilidade;
• arrecadação de livros usados, mas que poderiam ser reaproveitados pelos alunos carentes do curso em que atuo na FATEC-SP;

- planejamento, elaboração e execução de um evento direcionado a um abrigo de crianças e adolescentes com guarda do Estado (projeto desenvolvido e realizado pelos alunos de TEC SEC III da FATEC-SP no ano de 2022, período matutino).

Ao longo dos mais de 20 anos de magistério, tive a oportunidade de realizar muitos eventos, alguns associados com projetos sociais, como visitas a instituições que tratam de idosos, de crianças com câncer, de crianças carentes etc.

Enfim, o que se pode observar é que pequenas ações podem refletir e impactar vidas. E aqui faço uma reflexão mais pessoal: existe uma fala socialmente aceita de que quem faz o bem não deveria divulgar. Porém, fazer o bem, muitas vezes, significa unir muitas mãos para arrecadar, comprar, preparar e entregar. Então, esse juízo de valor deveria ser a última coisa a ser pensada quando falamos de projetos sociais. Entrando na questão dos dogmas, caso divulgar seja um erro, um "pecado", o único prejudicado (o divulgador) talvez não se incomode tanto por estar mais preocupado em chegar ao maior número de pessoas e levar a ajuda a quem precisa.

Nesses anos todos, recebi muitos elogios, mas também recebi críticas. Ambos nos ajudam a perceber que a humanidade ainda tem muito a aprender. Não deveria haver elogios por cuidarmos de outros irmãos e não deveria haver críticas por buscarmos ajuda para isso. Em resumo, o desejo é que seja possível a aprendizagem necessária para tornar o planeta Terra um pouco melhor, com ações sociais ou ambientais e que tendam a impactar positivamente na economia.

Referências

BRASIL. Ministério do Meio Ambiente (MMA). Conselho Nacional do Meio Ambiente (CONAMA). Disponível em: <http://conama.mma.gov.br/>. Acesso em: 23 set. de 2021.

LIMA, M. C. F. *A logística reversa como instrumento da gestão de resíduos pós-consumo: uma análise do setor de telefonia móvel.* Dissertação (Mestrado em Administração) – Universidade Nove de Julho, São Paulo, 2008. Disponível em: <http://repositorio.uninove.br/xmlui/handle/123456789/258>. Acesso em: 20 set. de 2021.

MARCOMIN, F. E.; SILVA, A. V. D. da. A sustentabilidade no ensino superior brasileiro: alguns elementos a partir da prática de educação ambiental na universidade. *Contrapontos*, Itajaí-SC, v. 9, n. 2, pp. 104-117, mai/ago. 2009.

MORETTI, S. L. A.; LIMA, M. C.; CRNKOVIC, L. H. Gestão de resíduos pós-consumo: avaliação do comportamento do consumidor e dos canais reversos do setor de telefonia móvel. *Revista de Gestão Social e Ambiental - RGSA*, São Paulo, v. 5, n. 1, pp. 03-14, jan/abr. 2011.

NAÇÕES UNIDAS. *A ONU e o Meio Ambiente*. Disponível em: <https://brasil.un.org/pt-br/91223-onu-e-o-meio-ambiente>. Acesso em: 23 set. de 2021.

THE CLUB OF ROME. *History – The Club of Rome*. Disponível em: <https://www.clubofrome.org/history/>. Acesso em: 01 nov. de 2021.

26

OFFICE MANAGER

Há 10 anos, a função de *office manager* tem se destacado no mercado de trabalho nacional como reflexo de um cenário econômico instável e ao mesmo tempo desafiador na busca por profissionais que consigam conciliar o gerenciamento de escritórios e assessoramento aos executivos. Abordaremos os pontos-chave da função, dando, ainda, uma breve pincelada em *facilities*. Por fim, contextualizaremos tal função no mercado de trabalho atual.

MONICA BALTHAZAR BIANCHI

Monica Balthazar Bianchi

Contatos
LinkedIn: Monica Balthazar Bianchi
Instagram: @secretaria_executivamb
11 97605 6688

Carreira desenvolvida há mais de 30 anos em assessoria a executivos brasileiros e estrangeiros. Atuação em empresas como Banco Rabobank International, Grupo Camargo Corrêa, Federação das Indústrias do Estado da Bahia, KLA Advogados. Graduada em Letras, Português e Inglês, pela UNIP, pós-graduada em Marketing pela UNIP, e especialista em Eventos pela FGV. Experiência na área de marketing como coordenadora, atuando na organização de eventos institucionais e de endomarketing. Atuação na coordenação de eventos em parceria com a FIESP e órgãos governamentais, com a presença de autoridades civis e militares. Destaca-se suporte a evento em homenagem à rainha Silvia da Suécia, fundadora da ONG *Childhood*. Agrega atuação como coordenadora de *facilities/back office* em instituição financeira multinacional. Atualmente, atua como assistente executiva na Porto Saúde. Idealizadora do curso *Office Manager* e o desafio de estruturar o escritório, lançado em setembro de 2021.

Em ritmo acelerado e concomitante à transformação do mercado de trabalho na era digital, notam-se claramente a mutação e a evolução de algumas funções; entre outras, o Secretariado Executivo.

Primeira parada – em que momento histórico os escritórios modernos foram criados

Paira uma curiosidade eminente sobre a função de *office manager*, ou gerente de escritório, no cenário corporativo do nosso país. Convidamos você, leitor, em um primeiro momento, para voltar ao passado, bastante longínquo aliás, para entender em que momento histórico surgiram os profissionais responsáveis por gerenciar, tanto o capital humano como o espaço a que denominamos "escritório".

O início dos negócios modernos e respectivos escritórios aconteceu nos Estados Unidos, começo do século XIX, com a construção das estradas de ferro e respectivas estações. Por ser um negócio descentralizado, acabaram surgindo as estruturas pulverizadas com necessidade de criação da área administrativa, e a contratação de cargos gerenciais com poder de decisão para gerenciá-las. Por volta de 1850, como consequência, estabeleceu-se a hierarquia verticalizada nos organogramas corporativos, o que até hoje é denominado de "progressão de carreira" dentro das corporações. Tal modelo foi se amoldando às inúmeras mudanças no âmbito corporativo mundial ao longo dos séculos XX e XXI.

Segunda parada – gerenciamento de escritório

O conceito e a importância de gerenciar um escritório

Viajamos no tempo para entender como surgiram os escritórios e as respectivas estruturas gerenciais que até hoje, de forma mais enxuta, fazem parte do ambiente corporativo. Nesses ambientes atuam não só os profissionais focados no *core business*, mas também aqueles que são responsáveis pela manutenção da estrutura, que viabilizam um ambiente de extrema produtividade no intuito de que os negócios fluam de maneira positiva, os funcionários sintam-se acolhidos e os *stakeholders* sejam recepcionados de modo que o ambiente propicie negociações prósperas. Importante ainda é ressaltar que a qualidade no gerenciamento impacta diretamente o sucesso dos negócios. Imaginemos que, na data em que aconteceria uma reunião da área de M&A (*Merge & Acquisitions*) foi prevista a manutenção da rede pela concessionária de energia elétrica na região, a qual não pôde ser alterada. O formato presencial era mandatório, entretanto, ao planejar a estrutura atual, não foi prevista a instalação de dispositivos que retomassem o fornecimento da eletricidade em segundos. A falta de gerenciamento de risco poderá causar prejuízos tanto em negociações como à imagem da empresa.

Levando-se em consideração *a London Training for Excellence*, em artigo sobre o conceito e a importância do gerenciamento de escritório, enfatizamos que a gestão eficiente baseia-se em:

1. Planejamento.
2. Organização.
3. Coordenação.
4. Controle das atividades.

1. Planejamento

É fundamental que se elabore um planejamento estratégico para mapear os objetivos a serem atingidos. Usualmente, estrutura-se o planejamento antes do início da operação e, nos anos seguintes, de acordo com o cenário e os indicadores; deve-se revisar e ajustar as metas propostas, adequando-as ou não ao cenário do momento. Uma vez definidos os objetivos principais, é tempo de definir prazo, ações, investimentos e recursos que serão utilizados para atingi-los, contando com o envolvimento das áreas de apoio e de negócios.

2. Organização

Para que sejam evitadas interrupções, é necessário o mapeamento dos processos de todas as áreas. Além de efetivamente escrever detalhadamente o passo a passo do funcionamento das atividades, elabora-se o fluxograma para melhor visualização e entendimento da interdependência das áreas envolvidas. É imprescindível indicar o KPI (*Key Performance Indicator*) para balizar a relevância da atividade no contexto do funcionamento da empresa, uma vez que, caso não seja cumprida ou, ainda seja cumprida com deficiência, tenha-se ciência do grau do risco que representa na operação. Possuir processos mapeados atrelados aos indicadores de desempenho é chave para a constante melhoria dos processos internos, visto que detectaremos onde estão as falhas, operando com maior eficiência e excelência.

3. Coordenação

Uma das funções do *office manager* é coordenar a estrutura física e os recursos humanos dessa estrutura. Requer uma visão ampla das atividades de cada área da empresa, assimilar que todas são parceiras e que o sucesso está atrelado ao relacionamento de troca e ao suporte de tais áreas. Enfatiza-se ainda que, no que tange à realidade da gestão do escritório, a parceria se estende a outros âmbitos, como no caso do síndico do condomínio empresarial.

4. Controle de atividades

É essencial que haja o controle e o permanente acompanhamento das atividades, independentemente do grau de risco e do impacto no funcionamento do negócio. Como há interdependência das atividades, se não houver acompanhamento e gestão das métricas, é bastante provável que em algum momento haja falha no processo, a qual poderá comprometer o funcionamento parcial ou total das operações.

Exemplificamos, a seguir, algumas atividades que são relevantes para o bem-estar de qualquer pessoa que circule na organização:

- os *dispensers* dos banheiros devem estar sempre abastecidos e os lavatórios, permanentemente limpos;
- a temperatura do ar-condicionado deve ser regulada de acordo com as normas da ABNT (Associação Brasileira de Normas Técnicas);
- os *backups* dos documentos gerados pelos usuários devem ser armazenados em locais seguros e acessíveis, para que não haja perda de dados;
- o cronograma da lavagem dos carpetes, cortinas, persianas deve estar em dia, para evitar a proliferação de ácaros e minimizar o absenteísmo;

Tudo isso e várias outras tarefas administradas, com um olhar de manutenção preventiva constante para atingir níveis próximos à perfeição, contribuirão para um ambiente de trabalho agradável, cada vez mais produtivo e com o olhar sempre atento à redução de custos e à sustentabilidade, minimizando o acionamento de manutenções corretivas, que normalmente são bastante onerosas.

Terceira parada – A função de *office manager*

Evidenciemos a evolução do papel do secretariado nas organizações. Há cerca de 30 anos, éramos visivelmente executoras e tínhamos pouca ou nenhuma participação em projetos ou assuntos estratégicos. Ao longo dos anos, em determinadas corporações, assumimos o papel de assessorar executivos e gerenciar o escritório, o que é denominado gerente de escritório.

Ao acompanhar a evolução da função de *office manager*, tanto no exterior como no Brasil, evidenciamos que não há um padrão das responsabilidades, uma vez que haverá uma variação muito grande de escopo de trabalho, levando-se em consideração alguns fatores, como: o porte da empresa, números de funcionários, volume de recursos investido, tamanho da estrutura física e, principalmente, a cultura.

Principais responsabilidades do office manager

Buscamos pontuar as principais responsabilidades para a boa manutenção e funcionamento da área ocupada, lembrando sempre que tais responsabilidades podem variar de uma corporação para outra:

- gerenciamento de fornecedores e prestadores de serviços;
- negociação, revisão e acompanhamento das principais cláusulas contratuais e SLA de atendimento em contratos como, por exemplo: aluguel, prestação de serviços de limpeza etc.;
- gerenciamento das tarefas administrativas (correios, *couriers*, chaveiro, expedição, compras, *motoboy*, entre outros);
- gerenciamento, por meio de sistema ou planilha, do estoque de suprimentos acompanhando constantemente a necessidade de reposição;
- gerenciamento da manutenção do escritório (máquinas e equipamentos em geral) e solicitação de reparos, se necessário;
- fornecimento de suporte administrativo, se demandado, incluindo agendamento de reuniões, organização de agendas, elaboração de relatórios de despesas, recepção de visitantes, atendimento telefônico;
- recebimento e encaminhamento de correspondências, direcionando internamente as entregas recebidas;
- auxílio em demandas para cotação e solicitação de espaço externo para realização de eventos em geral;
- estruturação de políticas de procedimentos do escritório, assegurando-se que sejam efetivamente implementadas e cumpridas;
- mapeamento de processos e definição de indicadores de desempenho de acordo com os riscos, que variam com o local da estrutura;

- entendimento do funcionamento do condomínio, bem como contatos emergenciais como bombeiros, estrutura de atendimento de primeiros socorros;
- atuação como interface junto aos responsáveis pelas áreas comuns do condomínio corporativo, a fim de atender às normas por ele estabelecidas;
- atuação como ponto focal para às áreas de suporte: Financeiro, Recursos Humanos, TI e Marketing.

Perfil do office manager

Antes de pontuarmos quais são as *hard* e *soft skills* para atuar na função de gerente de escritório, entendemos que o profissional de secretariado executivo possui um perfil bastante semelhante, destacando-se a multifuncionalidade, que é um dos requisitos; porém torna-se mandatório ter um perfil de planejamento, de gerenciamento de projetos e de recursos humanos, entre outras exigências. Entretanto, tais habilidades podem ser adquiridas no cotidiano e de forma acadêmica, atendendo a cursos complementares.

Optamos por elencar as principais habilidades.

Softs skills – habilidades pessoais e intangíveis ou comportamentais

- Organização.
- Excelência na comunicação, ótimo relacionamento com as áreas internas, fornecedores e prestadores.
- Assertividade na tomada de decisão.
- Agilidade na solução de problemas.
- Analítico.
- Detalhista.
- Habilidade no gerenciamento de tempo.
- Resiliência.
- Colaboratividade.
- Proatividade.
- Visão estratégica.
- Liderança.
- Planejamento.
- Gerenciamento de riscos e qualidade.
- Gestão de projetos.
- Gestão de contratos.
- Habilidade de negociação.
- Habilidade no controle de *budget*.

Hard skills – habilidades técnicas

- Formação superior em Administração ou Secretariado em estruturas de pequeno e médio porte – nas de porte maior, Engenharia.
- Experiência superior a 10 anos em secretariado executivo ou em gestão de escritório.
- Ótimo conhecimento do pacote *Office* e, preferencialmente, saber lidar com mídias sociais e plataformas *web*.

Facilities

O gerenciamento de *facilities* é boa parte do escopo de trabalho do *office manager*. Para que vocês tenham uma noção do que são *facilities*, compartilhamos a definição pelo IFMA (*International Facility Management Association*): é a profissão que engloba inúmeras atividades multidisciplinares, com o objetivo de assegurar funcionalidade, conforto, segurança e eficiência do ambiente construído, por meio da integração das pessoas, propriedades (local), processos e tecnologias. Atualmente, a área de *facilities* está dividida em:

a. *Hard facility management*

Serviços relacionados aos espaços e à infraestrutura que focam as estruturas físicas do ambiente de trabalho.

b. *Soft facility management*

Serviços focados em propiciar aos colaboradores ambientes de trabalho com mais leveza, interação, integração, conforto físico e segurança.

Mercado de trabalho

Buscamos ilustrar com informações fidedignas o cenário das *startups* para entendermos a realidade do crescimento dessas empresas, as quais demandam significativamente por esta função. Esses dados revelam que, em geral, são investidores-anjo das próprias localidades que investem nas *startups* com aportes variados, destacando-se como maior fatia os investimentos entre R$ 250 a R$ 500.000,00 e R$ 1 a R$ 2,5 milhões. Já em termos de empregabilidade, o número de processos seletivos é alto, porém, por serem empresas que estão iniciando as atividades, o número de contratações é proporcional à estrutura planejada. As empresas informam que há dificuldade em contratar profissionais por não se adequarem ao perfil exigido. A princípio, as *startups*, empresas cujos negócios são realizados por plataformas on-line (*techs*), na maioria relacionados à área de tecnologia da informação; atualmente, já contamos com negócios em diversos setores da economia, tais como: Financeiro, Recursos Humanos, Saúde, Jurídico, entre outras. Certamente não só as *startups* contratam profissionais para atuar nessa função, mas também *family offices*, escritórios de advocacia, contabilidade, publicidade, bancos de investimento, entre outros.

Podemos afirmar que o *office manager* tende a atuar em empresas de pequeno e médio porte, com, no máximo, 100 funcionários. Globalmente, os profissionais que assumem essa função são, na maioria das vezes, secretárias executivas com larga experiência administrativa, uma vez que acumularão funções. A amplitude do tema gerenciamento de escritório e da respectiva função é vastíssima. Há muito a explorar e discorrer, sendo assim, o que aqui abordamos é uma pequena parte do que poderemos dar continuidade em novas paradas.

Referências

ABSTARTUPS E DELOITTE. *Mapeamento do Ecossistema Brasileiro de Startups – Insights Brasil.* Material cedido pela Associação Brasileira de Startups, 2021.

LONDON TFE . *Concept and importance of office management.* Disponível em: <https://www.londontfe.com/blog/Concept-and-importance-of-office-management>. Acesso em: 28 ago. de 2022.

SMITHSONIAN EDUCATION. *Carbons to Computers – A short history of the Birth and Growth of the American Office.* Disponível em: <http://www.smithsonianeducation.org/educators/lesson_plans/carbons/text/birth.html>. Acesso em: 28 ago. de 2022.

27

O MUNDO DOS EVENTOS E TODAS AS ETAPAS QUE VOCÊ PRECISA SABER

Ao contrário do que muitas pessoas pensam, organizar um evento vai além de contratar serviços e receber os convidados. Há etapas que são fundamentais para o bom andamento de uma festividade ou reunião, independentemente do porte. Você aprenderá as três etapas que compõem seu evento e outros pontos importantes que te ajudarão na execução.

BÁRBARA BORA

Bárbara Bora

Contatos
www.suasecretariaexecutiva.com.br
www.destravesuacarreira.com.br
barbara@suasecretariaexecutiva.com.br
LinkedIn: Bárbara Bora
Instagram: @suasecretariaexecutiva/
11 96749 0509

Secretaria executiva desde 2005, com experiência em assessoria de executivos de diversos níveis, incluindo vice-presidentes, presidentes, CEOS e *family office*. Hoje, à frente do seu próprio negócio em secretariado remoto na Sua Secretária Executiva, assessora executivos e empreendedores, e orienta profissionais de secretariado na transição ou desenvolvimento em suas carreiras na área remota. Experiência na produção de eventos corporativos e sociais de todos os portes. Bacharel em Secretariado Executivo Trilingue pela FECAP, tecnóloga em Eventos pela FMU, MBA em Gestão Estratégica de Negócios e pós-graduada em Docência no Ensino Superior, ambas pela FMU.

Ao se candidatar para uma vaga de secretário executivo, você deve ter notado que uma das atribuições exigidas é a capacidade de organizar eventos; algumas dessas vagas descrevem quais são esses eventos, que podem ser desde reuniões até *workshops*. Porém, outras não descrevem tão bem e, quando você vai perceber, está organizando cafés da manhã, aniversários e até eventos pessoais dos seus executivos.

A área de eventos já está subentendida com uma atribuição do profissional de secretariado executivo, mas vamos entender aqui o que é um evento e como fazer sua gestão. Quando pensamos em eventos corporativos, automaticamente, nos remetemos aos grandes, como convenções, *workshops*, simpósios etc., mas é muito importante termos bem claro que um evento é um encontro entre duas ou mais pessoas.

Parece clichê; a definição é exatamente essa, mas vale ressaltar que, qualquer que seja o evento, deve gerar uma experiência. Então, a partir de agora, vamos pensar em eventos dessa maneira para entendermos os outros aspectos, do planejamento de um evento até sua finalização.

Quando falamos em tipos de eventos, podemos classificá-los de diversas formas, mas inicialmente precisamos lembrar que, além dos eventos presenciais, o mundo se habituou aos eventos on-line e, agora, também, ao formato híbrido, ou seja, dias presenciais e on-line e/ou com público presencial ou on-line.

Agora, vamos retornar à classificação dos eventos.

Podemos classificar os eventos em grandes grupos, que são: eventos corporativos, sociais, esportivos, religiosos, educacionais, artísticos, oficiais e técnicos.

Em algumas literaturas, é possível encontrar outros tipos de eventos, mas vamos considerar esses para que você possa ter uma ideia da dimensão que é o mundo dos eventos. Focaremos os eventos corporativos e alguns eventos sociais, aqueles relacionados à nossa área de atuação.

Agora que abordarmos a tipologia de eventos, vamos classificá-los pelo seu porte. O que determina o tamanho de um evento é a quantidade de participantes. Ele pode ser: pequeno, médio, grande e megaevento. Sendo assim, podemos considerar que:

- pequeno porte: até 200 pessoas;
- médio porte: até 500 pessoas;
- grande porte: até 10 mil pessoas;
- megaevento: acima de 10 mil pessoas. Nesse caso, não há um número certo, já que falamos de um evento de proporções gigantes como, por exemplo, o Rock in Rio.

Agora que você conhece os tipos de eventos e tamanhos, vamos para a próxima etapa, que é a elaboração do seu evento. Ao contrário do que muitas pessoas usualmente fazem, antes mesmo de pensarmos no evento em si, temos algumas etapas, que são elas:

- pré-evento;
- evento;
- pós-evento.

Essas etapas são de extrema importância para que tudo corra bem na execução. A primeira etapa é a que chamamos de pré-evento. É nessa etapa que acontece todo o planejamento. Assim como em qualquer área, essa parte é, sem dúvida, a mais importante. É aqui que serão determinadas informações como:

- tipo de evento, quantidade de pessoas, formato, se será *indoor* ou *outdoor*;
- local do evento, data e horário; se será necessária a contratação de *catering*, mobiliário, recursos audiovisuais, serviços como: segurança, cenografia, música, equipe de apoio, limpeza, mestre de cerimônia, entre outros. Nessa etapa, também trataremos de assuntos como a divulgação do evento, mídias, linha editorial para divulgação, patrocinadores, apoiadores, enfim, o marketing do evento.

Uma dica importante é usar um *checklist* para o auxiliar a cumprir todas as etapas do planejamento.

Com todos esses pontos definidos, o próximo passo é o evento em si. Mesmo que você tenha contratado equipes de apoio, cenografia, assessoria ou até mesmo (dependendo do tamanho do seu evento) uma agência especializada, sempre acompanhe a montagem, as entregas, a preparação que acontece horas antes do evento. Fazendo esse acompanhamento, as chances de ter qualquer eventualidade são muito menores.

Chegou o grande dia! No dia anterior, entre em contato com todos os fornecedores, recepcionistas e prestadores para garantir que está tudo certo. Como é possível que o *briefing* já tenha sido enviado, vale a pena lembrá-los do horário de chegada e término, como o evento será conduzido, alinhar um ponto de encontro e outras coisas que você julgar necessárias. Nenhuma etapa é menos importante, mas essas confirmações se fazem necessárias.

Quando o evento começar, esteja atento a tudo o que acontece. Pode ser que essa etapa seja cansativa, porque exigirá muita energia e esforços, afinal, você precisa garantir que todo seu esforço da etapa anterior dê certo.

Se achar necessário, receba os convidados, oriente o *catering*; obviamente, todos os convidados são importantes, mas sempre há aqueles que precisam de uma atenção e cuidado extra, que são os convidados VIPs. Estes podem ser os donos da empresa, figuras públicas, artistas ou simplesmente seu executivo. Mantenha sempre "os olhos" para eles, certifique-se de que não haja nenhum problema com eles.

O evento vai acontecer conforme um cronograma montado na etapa anterior, mas pode ser que seja necessário alterar algum horário, ordem de apresentação ou inserir atividades para ganhar tempo, caso haja atrasos ou eventualidades.

Sendo assim, mesmo que estejamos falando da etapa do evento, tenha um plano B, leve brindes para o espaço, ou até mesmo verifique a possibilidade de algum serviço extra com os prestadores já contratados.

Essas opções caberiam muito bem em eventos grandes, mas pode ser que essa eventualidade ocorra em uma reunião ou congresso. Nesse caso, os sorteios ou até mesmo a antecipação do serviço de *buffet* podem ser uma excelente opção.

Não importa o tamanho ou tipo de evento, tenha sempre opções que possam ajudá-lo caso você precise.

O evento aconteceu, ocorreu tudo bem, os convidados foram embora e agora é hora de iniciar a última etapa, o pós-evento.

Dividiremos essa etapa em dois momentos: **finalização** e *debriefing*.

Finalização

O momento da finalização refere-se às demandas a serem realizadas no local. Faça uso de um *checklist* para o ajudar.

Essas atividades podem ser:

- contagem de bebidas junto ao *buffet*;
- acompanhamento da desmontagem;
- entrega de materiais e recursos locados;
- pagamento de fornecedores ou prestadores;
- acompanhamento de frete para entrega de algum material em outro endereço.

Há inúmeros movimentos acerca da finalização do evento no local, e todas as necessidades dessa etapa foram definidas no Planejamento, já que é o momento em que os contratos serão firmados, as contratações serão feitas e o evento, idealizado.

Debriefing

Assim como na etapa 1, na qual é definido um *briefing* para a elaboração do evento, tipologia, local e todas as demais necessidades, nessa última etapa, que é o pós-evento, será feito um *briefing*, porém de uma forma um pouco diferente.

Na finalização do evento, esse *briefing* leva o nome de *rebring* ou *debriefing*. O objetivo do *debriefing* é analisar todas as etapas do evento, tudo o que aconteceu, o que deu certo, o que deu errado, os planos de ação, a performance das equipes, gastos extras, enfim, será uma análise bem minuciosa de todo o evento.

Além de dar uma visão geral, essa análise possibilita identificar pontos fortes e fracos e entender como melhorar para os próximos eventos.

Para o *debriefing*, em uma reunião, a equipe pode usar algumas perguntas como, por exemplo:

- O objetivo do evento foi alcançado?
- Qual o nível de satisfação dos participantes?
- Quais os problemas que tivemos?
- Quais foram os acertos?
- O local atendia bem os participantes?
- Quais foram os planos B utilizados?
- Houve algum atraso no cronograma?
- Quais os serviços que mais agradaram?
- Quais os serviços menos usados?
- Quais os imprevistos? Como foram solucionados?
- Houve gastos extras? Quais?

São alguns modelos de perguntas; conforme o tipo de evento e o *checklist*, essas perguntas podem ser alteradas e outras podem ser acrescidas. Só é importante se lembrar de preparar a lista para essa etapa do evento.

Já tratamos de todas as etapas do evento, como desenvolver cada uma delas e como o *debriefing* pode ajudar a medir a eficácia do seu evento e, consequentemente, do seu trabalho. Porém, como em uma das sugestões de perguntas, não podemos deixar de medir o nível de satisfação dos participantes. Para isso, vamos usar a pesquisa de satisfação.

Com certeza, você já respondeu a uma pesquisa dessa ao longo da sua vida, e vale ressaltar que, mesmo que o evento seja interno, é importante saber a opinião das pessoas que participaram.

Caso o evento seja uma reunião para executivos dentro da empresa, converse com quatro ou cinco participantes com quem você tenha mais proximidade, para saber sobre sugestões, opiniões e até mesmo a experiência de cada um deles. Isso, com certeza, vai enriquecer os próximos encontros.

Para qualquer outro evento, vamos pensar em uma pesquisa de satisfação eletrônica. Hoje, graças às tecnologias, temos formas gratuitas ou com valor acessível para realizar essas pesquisas. Além da aderência ser maior, poupará o trabalho de tabulação de todos esses dados.

Uma opção gratuita é o Google Forms. Você precisará de e-mail cadastrado no Google, criar o formulário e enviar o *link* para os participantes. Caso não tenha ainda os e-mails ou contatos via WhatsApp, é possível gerar um QR *Code* e disponibilizar para que seja lido pelo celular de cada um.

Para a pesquisa de satisfação, podem ser usadas algumas perguntas como:

- Qual foi sua experiência com esse evento?
- Quais seus maiores aprendizados?
- Quais melhorias você gostaria de sugerir para as próximas edições?
- Suas expectativas foram atendidas?
- Como ficou sabendo do evento? (Esta pergunta é importante para validar os canais de divulgação).
- Quais são as lembranças que você levará dessa experiência?

Para fazer com que a adesão ao preenchimento seja alta e que as pessoas informem seus dados verdadeiros, pode-se dizer que, ao preencher a pesquisa, será enviado um resumo de cada dia de evento ou do evento como um todo, ou ainda a apresentação usada. Mas não se esqueça de preparar e realmente enviar esse material.

Também vale lembrar que temos hoje a LGPD – Lei Geral de Proteção de Dados, que é uma lei que rege a segurança de dados pessoais. Então, muito cuidado com o tipo de informação que será solicitada no formulário e não se esqueça de incluir um parágrafo informando que a pesquisa segue as regras da LGPD, para que o participante se sinta mais seguro.

Outro ponto de atenção é com quem e como esses dados serão armazenados. Apesar de você representar uma empresa, a partir do momento em que realiza uma ação interna ou externa, será visto como a própria empresa. Sendo assim, certifique-se de que os dados pessoais estejam bem guardados.

Obviamente, todos esses pontos são fundamentais para a realização do evento, mas não podemos nos esquecer da parte financeira. Você deve ter um orçamento para todas as contratações, compras e locações. Nessa conta, deve entrar uma reserva de emergência, que será usada para o Plano B, uma necessidade de locomoção, uma compra a ser feita em caráter de urgência ou até mesmo para atender a um pedido de um participante VIP.

Quando tratamos de contratações ou prestação de serviços, você terá cópias dos comprovantes de depósito, PIX ou transferências, mas lembre-se de, caso haja uma eventualidade que gerar uma compra de urgência, guardar a nota ou o recibo para a prestação de contas. Caso seja um serviço como carro por aplicativo, tire um *print* da tela de pagamento.

Ao longo da primeira etapa, comece o preenchimento de uma planilha com as entradas, saídas e previsões; no pós-evento, adicione os demais gastos. É fundamental que nenhuma despesa seja esquecida. Essa planilha não precisa ser muito elaborada e deve conter as seguintes informações:

- data;
- descrição;
- recorrência (se será um pagamento ou parcelamento);
- valor;
- forma de pagamento;
- *link* para acessar o comprovante de pagamento – caso você deixe a planilha em um drive, crie uma pasta para armazenar todos os comprovantes, salve-os, identifique-os com um nome relacionado ao tipo de serviço, gere o *link* e adicione essa informação na planilha. Isso facilitará muito a busca dos comprovantes.

Caso os valores de orçamento sejam colocados na planilha, utilize fórmulas para que, ao adicionar os valores gastos, sejam descontados do valor total, gerando uma visão real do saldo inicial.

O resultado dessa Prestação de Contas pode ser levado para o *debriefing* ou não, mas independente de ser utilizado, deve estar pronto antes dessa análise.

Para finalizar seu evento com chave de ouro, prepare uma mensagem de agradecimento para todos os participantes; se tiver fotos, faça uma montagem e adicione esse cartão. Ter uma lembrança como o logotipo do seu evento será a forma mais fácil e com custo baixo para o marketing das próximas edições ou da sua capacidade de gerenciar e organizar tarefas que estão além do dia a dia com o executivo.

Com certeza, você, o evento e a organização serão lembrados!

28

A GESTÃO DE PROJETOS E O SECRETARIADO EXECUTIVO

A gestão de projetos e o secretariado requerem habilidades e competências similares, e é muito gratificante ver o quanto o profissional de secretariado está apto a contribuir com diversas tarefas, dentro do seu escopo de trabalho. Nesse sentido, demonstrarei que o secretariado pode atuar de maneira estratégica nos projetos que estão sendo conduzidos em sua organização, e envolver-se na liderança de diversos deles.

SIMAIA MACHADO

Simaia Machado

Contatos
simaiam@hotmail.com
LinkedIn: Simaia Machado

Graduação em Secretariado Executivo pela PUC e MBA de Gestão de Projetos na USP, e de Meio Ambiente e Sustentabilidade na FGV. Atuou como secretária executiva por mais de 25 anos em empresas nacionais e multinacionais. Sempre buscou expandir sua área de atuação e agregar tarefas nas empresas em que trabalhou. Isto lhe proporcionou atuar na gestão de *facilities*, frotas, responsabilidade social e viagens corporativas. Colaboradora dos cursos de Secretariado na FATEC e na FMU em palestras com temas específicos. Colaborou no trabalho intitulado "As competências do profissional tecnólogo em secretariado executivo e suas contribuições à atuação na gestão de projetos nas organizações" (FATEC, 2021). Exerce a função de gerente de frotas em uma empresa bem conceituada do setor de serviços.

O que é um projeto?

O dia a dia do profissional de secretariado é repleto de atividades desafiantes, que não temos a ideia de como resolver. Estamos sempre recorrendo aos colegas, aos sites de pesquisas, tentando entender, reunir informações para iniciar e concluir com êxito o que nos foi solicitado.

A maioria dessas tarefas pode ser nomeada de projeto. Um projeto é algo temporário, em que se coloca esforço e organização para terminá-lo com êxito, dentro do prazo e do orçamentado. Segundo o *Project Management Body of Knowledge* (PMBOK, o guia da gestão de projetos): "Um projeto é um conjunto de atividades temporárias, realizadas em grupo, e destinadas a produzir um produto, serviço ou resultado".

E nós sempre temos a necessidade de fazer tarefas relacionadas com projetos, seja organizar um evento, uma reunião, um almoço ou até mesmo uma grande pesquisa para algum serviço. Para todos esses esforços, se fazem cotações, se organizam cronogramas, são envolvidas as pessoas que contribuirão para aquele determinado fim etc., e tudo é perfeitamente organizado para que se possa apresentar o resultado mais satisfatório possível.

Pois bem, isto são projetos! E o profissional de secretariado está repleto deles em seu escritório. Mesmo que na empresa exista uma estrutura de serviços que execute os projetos de cotação, de eventos, de compras e até mesmo de projetos, saiba que o profissional de secretariado possivelmente estará na lista de colaboradores do projeto como membro da equipe convocado com várias tarefas, sendo a sua função imprescindível para o sucesso com um todo.

A gestão de projetos é a organização dessas atividades, listando o passo a passo, dando visibilidade do começo e do fim, estabelecendo a relação entre os envolvidos e as correspondentes tarefas.

Segundo um estudo feito pelo *Job Growth and Talent Gap*, encomendado pelo *Project Management Institute* (PMI, instituição internacional que associa profissionais de gestão de projetos), até 2027, as empresas precisarão de quase 88 milhões de profissionais de gerenciamento de projetos no mundo. Isso demonstra um crescimento da atividade e de uma valorização sem precedentes desse profissional.

O profissional de secretariado traz em seu DNA de prestador de serviços uma capacidade de organização nata, que faz toda a diferença em uma equipe de projetos. Além de ter uma visão macro e um conhecimento analítico de vários processos operacionais, ele antevê os possíveis riscos de algumas das ações, sobretudo relacionadas ao cumprimento do cronograma.

Na equipe de projetos, podem existir diferentes membros, entre os quais:

- líder do projeto: pessoa responsável pelo projeto, normalmente da área em que o projeto foi demandado, lidera as reuniões e as tarefas;
- patrocinador do projeto: efetivamente, o dono do projeto e dos respetivos custos;
- partes interessadas: todos os departamentos que serão impactados e precisam ser ouvidos. No entanto, podem ou não ter algum tipo de ação na execução;
- equipe do projeto: membros entre os quais as tarefas são delegadas/distribuídas, e que serão responsáveis pelas entregas.

Dentro de um projeto, cada membro da equipe tem o seu papel e o gestor de projetos, segundo o PMBOK, é a pessoa definida pela organização executora para liderar a equipe, sendo a responsável por alcançar os objetivos do projeto (PMI, 2017, p. 712). Ou seja, é a pessoa que organiza todo o processo e sugere as ferramentas necessárias para que o projeto se desenvolva de forma eficiente e eficaz. Pensemos, por exemplo, numa mudança física de escritório: o gestor do projeto ajudaria a organizar todas as informações em um único local para dar visibilidade das tarefas à alta gestão, sempre que solicitado. Mas caberia à equipe do projeto contratar os serviços de arquitetura, de mão de obra, de transporte, de verificar o dia da mudança, ver as regras de entrada do novo local, comunicar as pessoas envolvidas etc.

Para ficar ainda mais claro, o gerenciamento de projetos, segundo o PMBOK, é a aplicação de conhecimentos, habilidades, ferramentas e técnicas às atividades do projeto para atender aos requisitos (PMI, 2017, p.711). No exemplo anterior, o gestor fornece o conhecimento, pois a concretização do projeto ficará a cargo da equipe, para a qual ele deverá garantir que a mudança seja feita no prazo correto, dentro do orçamento estipulado, com todos os riscos avaliados e, desejavelmente, mitigados.

A duração de um projeto é chamada de Ciclo de Vida; em geral, é dividido nas seguintes fases: inicial, planejamento, execução, controle e encerramento. Cada uma dessas fases é planejada e identificada pelo gestor de projetos, que organiza um cronograma incluindo cada uma delas.

Fase inicial

Para iniciar, todos os envolvidos devem apresentar dados, custos, tempo esperado, qualidades/características e o produto que se espera no final, incluindo todas as restrições e riscos inerentes. Existem documentos e reuniões específicas para a abertura dos trabalhos, e a consequente apresentação aos executivos da empresa. Normalmente, a reunião se chama de *kick-off* (pontapé inicial) e o documento gerado se chama Termo de Abertura, em que se colocam os objetivos daquele projeto e a sua estrutura. Todos na reunião devem estar de acordo com ele. No exemplo referido anteriormente, relativo à mudança de escritório, na fase inicial se aprovaria o custo, o local, o *layout* e a data da mudança.

Fase do planejamento

Após esta concordância, dá-se sequência ao planejamento e detalhamento de cada tarefa. É nessa fase que o cronograma ganha várias linhas, e cada linha ganha um dono, com um prazo acordado para a sua execução. O segredo dessa fase é detalhar cada tarefa para que futuramente nada possa impedir o bom andamento do projeto. É importante lembrar que você se comprometeu com os executivos da empresa com custo, qualidade e tempo, por isso precisa pensar em tudo o que necessita ser feito para ser bem-sucedido. Esse detalhamento das atividades, verificando, por exemplo, se uma atividade é dependente de outra, se chama de Estrutura Analítica de Projeto (EAP). No exemplo de projeto referido anteriormente, um arquétipo de dependência é que o novo escritório esteja estruturalmente pronto para a mudança, pois sem essa atividade devidamente concluída, não poderemos cumprir o cronograma estipulado.

Fase de execução

Nesta fase poderão ser solicitadas mudanças de prazo ou no orçamento, além de serem incluídas atividades que não haviam sido mapeadas como, por exemplo, quando houver a previsão de transferir um determinado mobiliário de outro escritório, e surgir a impossibilidade do mesmo ser retirado, criando-se a necessidade de confeccionar outro. O gestor de projetos, além de acompanhar as reuniões de alinhamento e ajudar a equipe a cumprir os objetivos traçados, terá também papel de conciliador.

Fases de controle

São atividades de monitoramento que acontecem regularmente, durante todo o ciclo de duração do projeto. Esse controle é feito pelo gestor e líder do projeto, e dois dos principais objetivos são: não desviar do objetivo final, nem do custo estipulado.

Além disso, esta fase pode corrigir desvios não previstos no projeto, pois a monitoria busca soluções. Em nosso exemplo da mudança, poderíamos ter um novo conceito de sustentabilidade no escritório, substituindo copos descartáveis por copos laváveis. Neste exemplo, teríamos que buscar uma solução de máquina de lavar louças, um local para adicioná-la, verificar instalação elétrica e a compra dos novos copos com o logotipo da empresa incluindo, portanto, o departamento de marketing nesta nova tarefa.

Fase de encerramento

Aqui o projeto é finalizado, entregue e celebrado. Mas o papel do gestor vai além, pois ele registra todos os aprendizados para que sempre haja sucesso nos próximos. A equipe se reúne ainda algumas vezes para terminar de preencher todos os documentos, e uma reunião de encerramento com os diretores e partes interessadas é agendada para compartilhar aprendizados e o documento de finalização com os custos finais.

Nesta fase, é importante verificar se todos os fornecedores foram pagos e todos os contratos foram devidamente encerrados. A equipe é desfeita e todos voltam a dedicar-se a suas tarefas regulares.

Todas essas fases do projeto devem ser bem comunicadas a todas as partes interessadas e, se houver um grande impacto advindo de alguma delas, a comunicação deverá ser extensível a toda a empresa.

As competências de um gestor de projetos

O gestor de projetos precisa ter habilidades técnicas de ferramentas, *frameworks*, metodologias, e pode ser de qualquer área de formação. O principal neste profissional são suas competências de *soft skills:* ele precisa ter liderança, comunicação e ser organizado. Todas as competências do gestor de projeto giram em torno de liderança, e como tal, esta habilidade deverá ser a mais bem explorada. Além disso, ele precisa ter técnicas de negociação e persuasão, ser bom ouvinte para entender os pedidos e avisos da equipe de projetos, e atuar proativamente na solução de problemas.

As atividades e competências de um líder de projeto

O líder de projeto, o responsável para que o projeto avance, precisa manter a equipe motivada, ser ágil, ter uma visão macro para poder listar todas as tarefas, organizar as reuniões com as equipes corretas para cada atividade, fazer as cobranças de atividades e manter comunicação aberta com todas as partes interessadas. É muito importante que tenha empatia, resiliência e poder de influência.

Terá o gestor de projetos para auxiliá-lo com as ferramentas, custos e a melhor forma de execução, mas é ele quem de fato executa o projeto com a equipe designada. Dependendo do tamanho da estrutura da empresa, ele terá mais ou menos tarefas operacionais. Em nosso exemplo, ele precisaria falar com o arquiteto, com o mestre de obras, com a equipe do marketing a respeito das cores e tamanho dos logos a serem aplicados, com a equipe de limpeza a respeito do novo local a ser incorporado e ver detalhes de segurança, entre outras tarefas importantes.

Como o profissional de secretariado pode contribuir

O profissional de secretariado tem todas as habilidades, competências, ferramentas para agregar como líder e como gestor de projetos, dependendo apenas do tipo de projeto que a empresa estiver desenvolvendo. Ao mudar a forma de pensar e estruturar as tarefas com os nomes corretos, falando exatamente na mesma linguagem da sua empresa, o profissional de secretariado ganha relevância e espaço. No exemplo dado, mesmo que a empresa tenha equipes de projetos, de compras, de *facilities*, ele poderia contribuir como membro da equipe de projetos e facilmente como seu líder.

O importante é estar atento às oportunidades e agregar tarefas que lhe farão ter expectativas de crescimento. Muitos de nós temos receio de não ter o conhecimento adequado, mas como foi constatado, um projeto estruturado é bem parecido com as tarefas que já fazemos normalmente, mas com organização e empenho.

A liderança nos projetos trará, além de sucesso profissional, e possivelmente uma transição de carreira, enorme satisfação, alegria e o entusiasmo de fazer parte da organização de uma forma mais específica e gerencial. O engajamento e o "orgulho em pertencer" tão falados nas organizações passam pelo empenho em realmente fazer parte de equipes que movimentam.

Por onde começar?

Identificar uma demanda, um problema ou mesmo uma oportunidade de negócio. Reunir as pessoas interessadas neste assunto em um *brainstorming* que seja bastante participativo, agradável e divertido. Nessa ocasião, você terá bem clara qual seria a equipe, descobrirá o objetivo real do seu projeto e perceberá se é possível, ou não, realizá-lo. Tendo essa fase realizada, você poderá buscar o patrocínio com o principal beneficiado do projeto e iniciar a sua definição e organização.

A gestão de projetos é apaixonante! Estar envolvido com algo que fará a diferença na empresa lhe trará muita satisfação pessoal e profissional. Tenho certeza de que trilhará este caminho por muito tempo, pois envolve estrutura, criatividade, pensamento crítico e trabalho em equipe, habilidades próprias do secretariado executivo.

Referências

LOPES, M.; GONÇALVES, W.; JUNIOR, A. *Competências softs requeridas do gerente de projetos*. XI Simpósio de Excelência em Gestão e Tecnologia. UNIMEP, 2014.

PMBOK. *Guia de gerenciamento de projetos*, 7. ed. 2021. PMI.

SILVA, A.; SANTOS, B.; RAVANI, I. *As competências do profissional tecnólogo em secretariado executivo e suas contribuições à atuação na gestão de projetos nas organizações*, FATEC, 2021.

SOUZA, E. *O PMO* (MBA). USP, 2021.

TALES, C. PMI-MG, *Competências e talentos de um gerente de projetos*, 2019.

TERRIBILI, A. *O gerente de projetos*. MBA USP, 2021.

29

TRANSIÇÃO DE CARREIRA

Será que mudar de carreira é o que define o sucesso de uma jornada profissional? Neste capítulo, você vai encontrar algumas reflexões para aproveitar as oportunidades que surgirão em sua jornada. A fórmula planejamento + coragem pode resultar em uma carreira de muita realização e impacto, aproveitando toda amplitude que o secretariado traz.

CAROLINA TRANCUCCI MARTINS

Carolina Trancucci Martins

Contatos
caroltrancucci@gmail.com
LinkedIn: Carolina Trancucci Martins

Executiva com formação para atuação em Conselho pelo IBGC, pós-graduada em Gestão de Negócios pela Fundação Dom Cabral (FDC), especialista em Cerimonial, Protocolo e Eventos pelo SENAC e IBRADEP, graduada em Secretariado Executivo pela FATEC-SP. Possui experiência de mais de 20 anos, sendo os últimos 18 anos na aviação. Como *head* da estratégia do ciclo de experiência do cliente, sempre gerindo equipes multidisciplinares e de alta performance, foi responsável por criar produtos e serviços em toda jornada de viagem e atendimento ao cliente. Também atuou como secretária executiva de *C-Level* por mais de 12 anos.

> *O vento é o mesmo, mas sua resposta é diferente em cada folha.*
> CECÍLIA MEIRELES

Este capítulo começa trazendo uma reflexão acerca das oportunidades que aparecem ao longo da vida. Todos os profissionais, independentemente da área de atuação, durante sua carreira, são expostos a desafios, oportunidades, movimentos e situações que são convites a uma transformação. Essa transformação nunca acontece de forma igual a todos: sonhos, aspirações, ambições, limitações, crenças e convicções direcionam como cada um conduzirá sua jornada. Não há regra e não há certo ou errado. O sucesso depende daquilo que está dentro de cada um. E pode variar conforme gerações, fase da vida, motivações pessoais. Um profissional não será bem-sucedido apenas se fizer uma mudança de carreira ao longo da sua trajetória. Existem diversas histórias daqueles que se realizaram sempre em um mesmo caminho, assim como foram felizes os que passaram por alguma transição ao longo do tempo.

E por falar em transição, o que esta palavra tão usada em discursos corporativos e palestras sobre carreiras de sucesso significa? Nada mais é do que "a passagem de um lugar, de um estado, de uma condição a outra" (OXFORD). Ou seja, não precisa estar associada a uma mudança completa de rumo, descartando tudo que já foi feito, nem a uma fórmula de sucesso. Tem muito mais ligação com transformar uma condição, partindo de outra já existente, sempre com o foco em evoluir, crescer, buscar realização. E este último ponto é muito importante para quem deseja que este movimento seja bem-sucedido. Afinal, se uma fórmula de sucesso existe, certamente é a de ter poder se encontrar enquanto indivíduo e profissional naquilo que é feito e extrair o melhor.

Ao olhar para o profissional de secretariado, é possível notar que a formação em si já traz uma grande vantagem para quem busca ter flexibilidade ao longo dos anos. A amplitude disciplinar, que tanto a capacitação técnica quanto a experiência prática trazem, faz com que facilmente uma transição aconteça. Muitos são os *cases* conhecidos de profissionais que iniciaram suas trajetórias no secretariado e depois migraram, de forma planejada ou não, para carreiras correlacionadas ou que tiveram suas portas abertas por causa de sua atuação anterior. Mas não se preocupe! A ideia deste capítulo não é convencer o leitor à obrigatoriedade de uma mudança; pelo contrário, as dicas aqui contidas servem para ajudar a desenhar um mapa de possibilidades, e mais do que isso, a como se manter atento aos convites que a vida faz.

Movimentos não lineares de carreira têm se tornado cada vez mais comuns em diversas áreas: 63% dos profissionais brasileiros já mudaram de carreira, conforme estudo realizado pela *Tera* e a *Scoop & Co* (2020), com apoio de *Época Negócios*; em 2020, 63% e 70% buscaram por algo mais alinhado aos seus próprios interesses e propósitos de vida. O mais interessante desse movimento é quando ele pode começar por um estímulo ao novo ou para explorar algo ao qual se tem aptidão ou entusiasmo e não por uma insatisfação. Não há nada mais frustrante do que ter que se reinventar após uma decepção ou um resultado não esperado. Ser protagonista da própria carreira é importante para não depender somente dos acontecimentos do entorno. Então, não espere uma confusão para mudar. Busque estar sempre alinhado e conectado com aquilo que o move, para que, se for necessário fazer uma mudança, que seja para somar, para se realizar, para sorrir. Mas para que isso possa acontecer, ou mesmo que a transição seja fruto de uma frustração, o passo inicial para começar esse movimento é sempre o mesmo: o autoconhecimento.

O autoconhecimento, segundo a psicologia, significa o aprofundamento de um indivíduo sobre si mesmo. Conhecer suas qualidades, desejos, ambições, limitações. A prática de se conhecer melhor ajuda o profissional a trilhar uma jornada de autorrealização. Há um exercício simples com questões que ajudam nesse processo para avaliar o modo de pensar e agir, trazer maneiras para superar as limitações internas, aperfeiçoar as habilidades e favorecer a evolução, como pessoa e como profissional. Tente refletir sobre estes cinco pontos:

1. O que desperta felicidade em você?
2. Quais seus pontos fortes e fracos?
3. Quais seus padrões de comportamento?
4. Que percepção as pessoas têm de você?
5. Há alguma crença limitante que impeça seu crescimento?

Outro ponto importante para organizar uma mudança de carreira é a educação. Existem as habilidades técnicas, adquiridas com a formação técnica e as comportamentais, que se adquirem com a experiência profissional. Ambas são fundamentais para ser um profissional bem posicionado e ter uma lista clara disso é importante para direcionar no que investir para complementar e melhorar suas qualificações. Não necessariamente, para uma transição de carreira, o profissional de secretariado precisa fazer uma nova graduação. Hoje há uma infinidade de formações complementares, pós-graduações e cursos de especialização que possibilitam apoiar a transição. E muitas vezes o momento de complementar os estudos pode vir depois que o processo de transição já aconteceu, varia de acordo com cada caso. Mas ter este mapa claramente montado sobre o que se fortalecer ou em que se especializar ajuda no planejamento da carreira.

O planejamento é um fator muito importante durante esse processo. Como colocado no começo, as oportunidades sempre estão batendo à porta todos os dias. Se a mudança de carreira estiver definida como um objetivo a ser cumprido, ter um plano claro de como alcançá-la será fundamental para nortear os passos e movimentos. Neste plano, é importante reservar espaço para dois momentos importantes: organização financeira e *networking*. Organizar as finanças ajudará a trazer conforto e segurança durante este processo, incluindo o momento de investir em educação, se for necessário. O *networking* é a rede de contatos que viabiliza a construção de relações de interesses profissionais, facilitando as oportunidades de negócio e visibilidade profissional. Ele é importante tanto para conhecimento do que de fato é a profissão ou função para qual se deseja migrar quanto para oportunidades que estão disponíveis por aí. Há muita coisa que se aprende e muitos erros são evitados trocando experiências. Sabe aquele *approaching* errado? Ou, então, aquela dica de ouro que só se consegue quando temos um momento de troca com quem já viveu algo semelhante? Ou, então, um *insight* que vem no meio de um evento? Todas essas trocas acontecem quando você trata o *networking* de forma estratégica e o estabelece como uma agenda a ser cuidada antes mesmo de precisar.

Um desdobramento natural dessa agenda de *networking* e que é muito benéfico para quem pretende ou para quem já fez uma transição de carreira é estabelecer um mentor. Ter um mentor, formal ou informal, é importante para ter sempre um balizador dos caminhos escolhidos. Muitas vezes, numa transição, os profissionais acabam perdendo as referências dentro daquele círculo e, por isso, ter alguém como modelo é tão importante. Lembre-se de que não é necessário escolher um mentor que seja referência tão somente na nova profissão escolhida. Muitas vezes uma transição requer do profissional muito mais o desenvolvimento de determinadas competências e atitudes, as quais podem ser espelhadas em profissionais de diversos setores e formações. Sejam aspectos ligados à estratégia, ao planejamento ou à gestão de pessoas, ter em quem se inspirar e se espelhar pode ser a peça-chave no aprendizado e no amadurecimento ao longo da carreira.

Mas como nem tudo são flores nesse processo, também é importante dedicar um espaço para falar de alguns mitos que existem quando o tema é transição, que, aliás, podem acontecer em função de uma mudança de profissão, carreira, de área ou de empresa. Esteja atento a pequenas armadilhas que aparecem e que podem impedir o crescimento:

- "Vai ser muito difícil": só será muito difícil se sua energia estiver focada naquilo que o paralisa e não no que você é bom.
- "Vou ter que começar tudo do zero": isso só funciona em jogo de videogame. Na vida real, todo conhecimento aprendido, experiências adquiridas servem como bagagem para a próxima etapa.
- "Mudança tem hora certa": sempre haverá um nobre motivo para adiar. Um curso, o casamento, as despesas, uma viagem, a gravidez, a reforma da casa. São diversas desculpas verdadeiras que podem fazer com oportunidades passem.
- "E se não der certo": é só tentar de novo! Muito mais efetivo é ter tentado do que sempre pensar como poderia ter sido. Será que onde você está hoje está realmente bom ou está apenas acostumado com a situação?

Todos os pontos trazidos formam uma base para que a transição de carreira seja exitosa, quer seja para ter uma atuação mais em linha com seus desejos e potenciais, ou ainda aproveitar as oportunidades e perspectivas de crescimento. Mas lembre-se de que é possível desenvolver uma mentalidade dinâmica, multidisciplinar e flexível ao longo de sua carreira, para que, quando este momento chegar, seja fácil e natural embarcar na oportunidade e se aventurar em novos desafios. Flexibilidade, jogo de cintura, trabalho em equipe, cuidado com as pessoas, orientação para resultado são competências que todo profissional de secretariado tem de sobra e podem servir de alavanca em qualquer carreira. Além disso, ser aquele que inspira os que estão ao redor, participa de atividades não óbvias e que não perde oportunidades de se aventurar com o novo, mesmo que seja em suas funções atuais, impulsionarão seu dia a dia e o aproximarão de oportunidades diferentes e disruptivas.

Quantas histórias transformadoras você conhece? O que elas têm em comum? Certamente os mesmos elementos estão presentes: uma dose de entusiasmo, de risco, de olhar atento e uma decisão corajosa. Mesmo com todo o planejamento e preparação, muitas vezes é necessário agir com emoção, não aquela que gera descontrole e ansiedade, e sim a que impulsiona, faz sentir vivo e vibrante. No início deste capítulo, a frase de Cecília Meireles fala do resultado do vento em cada folha. O vento sopra, mas quem reage ao movimento é a folha. A reação é a emoção. Muitas vezes é preciso mais atitude do que planejamento. Tão importante quanto montar o plano é saber sentir. Sentir o momento de arriscar, sentir o momento de se preparar, sentir o momento de parar, sentir o momento de voar.

Escrever a história de carreira está nas mãos de cada um, não existe fórmula mágica, o mais importante é encontrar os seus objetivos e aquilo que trará realização. Já parou para pensar que nem só de um, dois ou três tipos de profissões ou carreiras um profissional pode viver? E que delícia poder adaptar-se ao longo da jornada da vida aos diferentes estilos, estímulos, às tecnologias disponíveis, e por que não à idade? Como dizem, muitas vezes é necessário "surfar a onda" das oportunidades. A profissão não é um carimbo para só poder fazer uma única coisa para o resto da vida; pelo contrário, é a chancela da competência adquirida naquele tema e que será aproveitada para transformar, inspirar e fazer a diferença em outro momento. Uma mudança, apesar de trazer um pouco de insegurança e frio na barriga, ajuda a manter qualquer profissional em movimento. Movimento traz vida, energia, efeito e animação. E transitar dessa forma é muito mais leve e simples.

Referências

AMÉRICO, J. Transição de carreira: veja como conquistar o emprego dos sonhos. *Você S/A*, 2021. Disponível em: <https://vocesa.abril.com.br/carreira/transicao-de-carreira-veja-como-conquistar-o-emprego-dos-sonhos/>. Acesso em: 9 set. de 2022.

BLOG ESTÁCIO. *Afinal, você sabe mesmo o que é autoconhecimento?* Blog Estácio, 2020. Disponível em: <https://blog.estacio.br/aluno-estacio/autoconhecimento/>. Acesso em: 10 out. de 2022.

DINO. Transição de carreira, o novo desafio dos profissionais. *Costa Norte*, 2021. Disponível em: <https://costanorte.com.br/noticias/dino/transi-

c-o-de-carreira-o-novo-desafio-dos-profissionais-1.323125>. Acesso em: 15 set. de 2022.

ESCOLA, Equipe Brasil. *Autoconhecimento*. Disponível em: <https://brasilescola.uol.com.br/psicologia/autoconhecimento.htm>. Acesso em: 6 out. de 2022.

FERRAZZI, K. *Nunca almoce sozinho: o guia para as relações profissionais de sucesso*. São Paulo: Actual Editora, 2006.

LOUIS, M. R. Career Transitions: varities and commonalities. *Academy of Management Review*, vol. 5, n. 3, pp. 329-340, 1980.

SALVADOR, D. *5 Benefícios do networking*. FECAF. Disponível em: <https://www.fecaf.com.br/5-beneficios-do-networking>. Acesso em: 31 out. de 2022.

TANURE, B.; NETO, A. C.; ANDRADE, J. *Executivos: sucesso e (in)felicidade*. Rio de Janeiro: Elsevier, 2007.

VELOSO, E. F. R. *Carreiras sem fronteiras e transição profissional no Brasil: desafios e oportunidades para pessoas e organizações*. São Paulo: Atlas, 2012.

30

HOLDING FAMILIAR COMO PLANEJAMENTO SUCESSÓRIO

Depois do enfrentamento da covid-19, momento em que a morte virou tema diário em todos os lares, passou-se a encarar a finitude do ser humano de frente. O tabu que o tema provocava ficou de lado, abrindo espaço ao enfrentamento da realidade, o que trouxe inevitável inquietação em deixar todo patrimônio organizado, minimizando os problemas que nossos herdeiros podem enfrentar quando não estivermos mais aqui. Verdadeiro ato de amor.

DENISE FARALLI

Denise Faralli

Contatos
www.denisefaralli.com.br
denise@faralli.com.br
Instagram e LinkedIn: @denisefaralliadvocacia

Advogada (OAB-SP nº 104.067, graduada em Direito pela FMU no ano de 1989). Especialista em Planejamento Sucessório por meio de *Holding* Familiar junto ao Time Holding Brasil, do qual é membro. Possui especialização em Direito Contratual, pelo Centro de Extensão Universitária do prof. Ives Gandra Martins; em Direito Processual Civil, pelo Centro de Extensão Universitária do prof. Ives Gandra Martins e, em Direito de Família e Sucessões, pelo COGEAE – PUC/SP. Foi membro da Comissão de Direitos e Prerrogativas, como também da Comissão de Direitos Humanos junto à Ordem dos Advogados do Brasil – Seccional da Sé (São Paulo-SP).

Questões atuais – relevância e características

Nos últimos tempos, tem havido um enorme esforço na divulgação, pelos meios digitais, de um tema novo aos brasileiros, a possibilidade de se adotar um Planejamento Patrimonial e Sucessório por meio da *Holding* Familiar.

Perante esse cenário, muitos brasileiros têm demonstrado interesse sobre o tema, uma vez que a dura e trágica realidade trazida pela pandemia de covid-19 fez com que a sociedade mudasse de paradigma, passando a pensar em formas de planejar a preservação de seu patrimônio para além de sua vida.

Quem já passou por um processo de inventário ou, pelo menos, ouviu falar, sabe que, no mais das vezes, trata-se de um processo longo, com alto custo e, geralmente, rodeado de muitas desavenças familiares.

No entanto, como se verá a seguir, os instrumentos mais conhecidos e que comumente são utilizados por grande parte da população como forma de planejar sua sucessão não trazem a eficiência e economia tão almejadas e, pior, não evitam os litígios entre seus familiares.

Instrumentos adotados como planejamento sucessório

Testamento

O testamento é o primeiro meio de planejamento sucessório considerado pela família brasileira, por ser o mais conhecido. Inclusive, durante a pandemia, várias foram as matérias jornalísticas que deram conta do grande aumento de testamentos que passaram a ser realizados no País. Para se ter uma ideia, de acordo com o site G1, no primeiro semestre de 2021, o aumento de testamentos realizados no estado de São Paulo representou 94,21% em relação a dez anos atrás.

Entretanto, o que as pessoas não sabem é que o testamento representa um instrumento obsoleto e ineficaz, quando o que se busca ao fazê-lo é exatamente o contrário. Isso porque o testamento não impede o inventário e, pior, traz mais entraves para o alcance da eficiência do processo.

Existindo um testamento, há a necessidade de levá-lo à homologação judicial para sua validade, o que representa mais morosidade. Além disso, o fato de o autor da herança ter deixado por escrito como quer que seja feita a partilha de seus bens não impede que seus herdeiros impugnem o testamento. É muito comum ver herdeiros contestando judicialmente a manifestação de última vontade deixada por seus pais, sob as mais diversas alegações, sempre buscando a anulação de parte ou de todo o testamento.

Note-se, ainda, que no testamento a onerosidade é ainda maior, pois envolve mais despesas judiciais e com advogado, as quais se somarão às despesas inerentes ao inventário, conforme elencado anteriormente. Esses são os motivos que tornam o testamento um instrumento ineficaz, quando o que se quer é rapidez, eficiência e economia na transmissão da herança.

Doação

Muitas famílias adotam a doação de bens com reserva de usufruto como forma de evitar o inventário e, consequentemente, evitar o litígio entre os herdeiros. No entanto, no afã de organizar sua sucessão, acabam por não considerar os reveses que podem ocorrer em sua vida, como também desconhecem que essa opção é tão onerosa quanto o inventário.

No momento da doação, o autor da herança terá de pagar ao Estado o mesmo imposto que deve ser pago no inventário, o ITCMD, e nas mesmas bases percentuais. Afora o imposto elevado a ser pago, há o fato de que a doação, mesmo com cláusula de usufruto, retira do proprietário sua autonomia sobre o bem.

A cláusula de usufruto preserva o uso e os frutos advindos daquele bem ao seu dono, fazendo com que este possa desfrutar do bem, mas não lhe permite dispor dele caso seja preciso. Exemplificando, na hipótese de o patrimônio se restringir a uma casa, o proprietário que a der em doação somente poderá morar na casa (uso) ou a alugar, ficando com o valor da locação para si (fruto). Caso tenha a necessidade de vender referido bem, não poderá fazê-lo, visto não ser mais seu dono.

Nessa situação, os pais contarão com a boa vontade de seus herdeiros, que são os novos proprietários da casa, para que "autorizem" sua venda. Caso eles assim não entendam, não há como vender esse bem.

Em suma, fazendo a doação dos bens aos seus herdeiros, os pais ou proprietários do patrimônio perdem a autonomia sobre seu acervo.

Seguro de vida

Há alguns anos, as seguradoras passaram a disponibilizar um plano securitário, com a finalidade de custear as despesas de funeral e, também, do procedimento sucessório, o que vem sendo adotado por muitos como forma de planejamento patrimonial.

Porém, essa providência não se traduz em instrumento de planejamento, na medida em que não cria nenhuma espécie de proteção aos bens, não reduz os gastos necessários no processo de inventário, muito menos evita as desavenças familiares.

O ideal, em se tratando de seguro de vida, é que seja feito dentro de um sistema de planejamento em que o valor recebido sirva para ajudar os herdeiros a seguirem em frente e não para pagarem despesas do inventário e não ficarem com nada desse dinheiro. Ademais, como se sabe, muitas vezes as seguradoras criam empecilho inimagináveis para não pagarem o prêmio.

Nesses casos, só restará ingressar com ação para tentar reverter a decisão da seguradora, o que levará vários anos na justiça. Dessa forma, resta claro que o seguro de vida, neste caso, não atingirá seu intento, mesmo porque não há como prever qual será, efetivamente, o total do gastos do inventário.

O imposto vai aumentar

O inventário é extremamente oneroso e o mais pesado dos ônus financeiros é justamente o tributário, ante a obrigatoriedade do recolhimento do imposto que incide sobre a Transmissão de Bens por Causa Morte ou Doação (ITCMD).

A crise econômica decorrente da pandemia, fez com os entes da federação buscassem aumentar o chamado ITCMD, que é o imposto a ser pago ao Estado quando do inventário.

De acordo com o que determina uma resolução do Senado Federal, dentro de suas atribuições constitucionalmente previstas, a alíquota máxima do ITCMD foi fixada em 8%, sendo que somente seis Estados adotam esse percentual (quase todos giram em torno de 2% a 4%).

A partir de então, a maioria dos estados vem apresentando projetos de lei com a finalidade de passarem a praticar a alíquota máxima permitida do ITCMD. Com isso, em breve, os gastos com o inventário serão ainda maiores. Esse é mais um bom motivo para se evitar o inventário.

Qual a solução?

O ideal é que os bens pertençam a uma pessoa jurídica, que pode ter vida eterna a depender, unicamente, da vontade das pessoas que a controlam.

Assim, sendo a pessoa jurídica proprietária do acervo patrimonial, é possível organizá-la de modo que a sucessão se faça sem a necessidade da realização de inventário.

Outra grande vantagem de se ter os bens em nome de uma pessoa jurídica reside no fato de que os sócios, donos do patrimônio a ser transferido para referida empresa, permanecem sob o controle absoluto dos bens, podendo dar o destino que quiserem aos mesmos sem depender da anuência de qualquer pessoa, inclusive de seus herdeiros.

Em suma, é possível adotar um planejamento sucessório familiar constituindo uma pessoa jurídica, que passará a ser a proprietária de todo o acervo patrimonial daquele núcleo familiar e terá como sócios os donos de todo o patrimônio, fazendo com que, quando estes não estiverem mais aqui, a sucessão dessa pessoa jurídica se dê sem a necessidade de se passar pelo doloroso e custoso processo de inventário.

Holding familiar – um sistema sofisticado e altamente eficaz

Como visto acima, levar os bens das pessoas físicas para dentro de uma pessoa jurídica, além de permitir que não seja necessário passar pelo inventário, permite que seja realizado um planejamento patrimonial e sucessório extremamente eficaz e absolutamente econômico, uma vez que a pessoa jurídica, na maioria das vezes, possui uma eficiência tributária muito maior em comparação à pessoa física. Verdadeira economia lícita de tributos.

A pessoa jurídica utilizada para realizar esse planejamento patrimonial é a chamada *holding*. O sistema consiste na constituição de uma *holding*, sob a modalidade patrimonial, e como se trata do planejamento patrimonial da família, esta recebe a denominação de ***holding* familiar**.

Até poucos anos atrás, a *holding* familiar só era utilizada pelas famílias mais abastadas, as quais, na maioria das vezes, possuíam grandes empresas e tinham como objetivo principal planejar a sucessão e a preservação das empresas familiares, permitindo sua perpetuação para as gerações futuras.

Hoje, a *holding* familiar está a serviço de grande parte das famílias brasileiras, uma vez que se sabe que não é necessário ser um milionário nem um grande empresário para justificar a sua constituição.

Feita uma análise minuciosa de vários aspectos relevantes que devem ser considerados antes de se optar em seguir adiante com o planejamento, sendo um dos mais importantes o aspecto tributário, passa-se para a próxima fase, que é o efetivo planejamento sucessório.

Para garantir eficiência no planejamento sucessório de uma família, é necessário conhecer a constituição daquele núcleo familiar, identificar os anseios e receios dos genitores em relação aos seus herdeiros e ao patrimônio a ser herdado e, no caso das famílias empresárias, entender o modelo de negócio formado por aquele núcleo familiar.

Isso porque a *holding* familiar exerce um papel importantíssimo às famílias empresárias, muito além de eventual eficiência tributária e organização patrimonial e sucessória, que é a preservação dos negócios familiares, garantindo sua perpetuidade, diante da manutenção da governança vigente na empresa.

A fim de alcançar os objetivos delineados pelos genitores como primordiais à manutenção e gestão de seus bens, se faz necessária a adoção de vários elementos jurídicos quando da constituição da pessoa jurídica, bem como da elaboração do acordo de sócios da referida sociedade, sempre tendo em mente as características da família em questão.

São exemplos desses elementos jurídicos:

a. a doação das quotas do capital social da *holding* familiar aos herdeiros, de forma que seus efeitos apenas passem a reverberar após o falecimento dos donos dos bens;
b. instituição de usufruto vitalício sobre as quotas da *holding* em favor dos donos dos bens, ambos os pais, podendo ser estabelecido ainda que, morrendo um dos pais, o usufruto deste passe para o cônjuge sobrevivente, só sendo revogada referida cláusula quando ambos os pais falecerem;
c. instituição da cláusula de incomunicabilidade das quotas doadas aos herdeiros, a fim de impossibilitar que estas possam se comunicar com os cônjuges presentes ou futuros destes;
d. instituição da cláusula de inalienabilidade sobre as quotas da empresa, a fim de impossibilitar que os herdeiros possam vender essas quotas antes do término do usufruto, o que ocorrerá somente com o falecimento dos pais;
e. instituir a impenhorabilidade sobre as quotas da *holding*, a fim de impedir sua penhora;
f. inserção da cláusula de reversão, de forma que as quotas retornem ao dono originário caso haja a infelicidade de um dos herdeiros falecer primeiro, evitando que referidas quotas sejam transferidas aos herdeiros do filho falecido;

g. instituição do poder político soberano aos pais, donos dos bens, de modo a garantir a administração total e irrestrita dos bens que agora pertencem à pessoa jurídica.

Essas são apenas algumas das cláusulas possíveis de previsão em um planejamento sucessório bem delineado. No entanto, está claro que a engenharia empregada na construção do planejamento sucessório é absolutamente minuciosa, objetivando trazer segurança e tranquilidade tanto aos proprietários do acervo patrimonial quanto para seus herdeiros.

De todo o exposto, o que se conclui é que o principal objetivo do planejamento patrimonial da família é a continuidade do patrimônio para as gerações futuras, diante da organização e estruturação desse patrimônio, de acordo com os anseios e objetivos de cada família em particular.

A mudança de paradigma da família brasileira é necessária, fazendo com que o planejamento sucessório passe a ser regra, já que é capaz de evitar desavenças familiares, trazer melhor eficiência tributária, organizar o patrimônio da família e proteger seus bens.

Portanto, é necessária a disseminação dos benefícios trazidos pelo planejamento familiar e sucessório por meio da *holding* familiar, por se tratar de mecanismo que traz tranquilidade aos particulares sobre o destino de seu patrimônio para além de suas vidas, significando um enorme e verdadeiro ato de amor para com as gerações futuras.

Referências

LAUDARES, R. *Por causa da pandemia, procura por testamentos aumenta 41,7% em um ano no país; SP lidera ranking nacional.* G1, Rio de Janeiro, 2021. Disponível em: <https://g1.globo.com/sp/sao-paulo/noticia/2021/07/04/apos-pandemia-procura-por-testamentos-aumenta-417percent-em-um-ano-no-pais-sp-lidera-ranking-nacional.ghtml>. Acesso em: 04 jan. de 2023.

MAMEDE, G. *Holding familiar e suas vantagens: planejamento jurídico e econômico do patrimônio e da sucessão familiar.* 6. ed. São Paulo: Atlas, 2014.

PRADO, R. N. *Aspectos relevantes da empresa familiar e da família empresária: governança e planejamento patrimonial sucessório.* 2. ed. São Paulo: Saraiva Educação, 2018.

TEIXEIRA, D. C. *Arquitetura do planejamento sucessório.* 2. ed. Belo Horizonte: Forúm, 2019.

31

POOL DE SECRETARIADO
BENEFÍCIOS E DIFERENCIAIS

Neste capítulo, abordaremos as principais características, desafios e benefícios de se trabalhar em um *pool* de profissionais de secretariado. Com a constante evolução tecnológica, a exigência para atender um grupo maior de executivos com foco na redução de custos e padronização de atendimento aparece nessa tendência de trabalho, que veio para ficar.

RENATA LUCATELLI

Renata Lucatelli

Contatos
re.lucatelli@gmail.com
LinkedIn: Renata Lucatelli
Instagram: @relucatelli

Secretária executiva graduada pela FECAP (2014). Graduada em Tradução e Intérprete pela USJT (2010). Possui mais de 10 anos de experiência atendendo executivos em grandes empresas, como: Bridgestone, Pátria Investimentos, Tozzini Freire Advogados, MUFG (antigo Banco de Tokyo) e Nestlé. Fluente em inglês e apaixonada pela área de secretariado. Além de curso de *facilities*, outro diferencial seu é sempre ter trabalhado em *pool* de profissionais de secretariado.

> *A mais honrosa das ocupações é servir o público e*
> *ser útil ao maior número de pessoas.*
> MICHEL DE MONTAIGNE

A profissão de secretariado é muito mais antiga do que podemos imaginar, porém está evoluindo para acompanhar as mudanças do mercado de trabalho. Em meados do século XX, a função era conhecida apenas por atividades mais rotineiras e comuns, refletindo uma época em que a velocidade das informações não era tão rápida como agora. Atender ao telefone, servir café e recepcionar alguns visitantes costumava ser o básico e se tornou o grande estereótipo da profissão. Contudo, com o passar dos anos e com a evolução tecnológica, as competências exigidas têm se transformado e, hoje, vemos um papel muito mais estratégico do que apenas administrativo, relevante no cenário organizacional e que pode impulsionar os objetivos das instituições em que estão inseridas.

É justamente por essa mudança de necessidade e pela busca de uma forma de atendimento, mais completa e ágil, que surgiu o *pool* de secretariado. Essa nova organização nada mais é do que um grupo de profissionais de secretariado trabalhando juntos, geralmente próximos fisicamente também, que visam ao atendimento, com excelência, de um ou mais executivos, a fim de gerar maiores resultados para a empresa. Normalmente, é composto por três ou mais profissionais, com diferentes níveis hierárquicos, tais como: coordenador, sênior, pleno, júnior e estagiário. De forma geral, esse time é considerado uma área da empresa e se reporta, na maioria das vezes, ao coordenador, ao profissional de secretariado sênior ou até mesmo diretamente ao time de Recursos Humanos.

Mas por que tem se falado tanto sobre isso a ponto de virar uma tendência? Por que as empresas buscam profissionais que tenham esse perfil? Neste capítulo, abordaremos alguns pontos centrais, descritos a seguir:

- tendências de mercado;
- desafios da área;
- gestão do profissional de secretariado;
- ferramentas que facilitam a organização das demandas do *pool*;
- benefícios de se trabalhar em *pool*.

Tendências de mercado

O *pool* de profissionais de secretariado é uma realidade que veio para ficar. Portanto, se você nunca trabalhou em um, certamente trabalhará em algum momento da carreira.

Com a alta demanda de atividades e a busca pela redução de custos, esse modelo vem sendo cada vez mais utilizado pelas empresas. Porém, não são todas as empresas que se adequam a esse modelo, nem todos os profissionais, pois ele necessita de um perfil bem específico e da *expertise* para montar a estrutura. Esse modelo é muito usado em escritórios de advocacia, por exemplo, que buscam o bom atendimento de muitos executivos, com o menor custo possível. Esse modelo tem dado tão certo que a tendência foi se espalhando para outros setores e empresas.

Como características principais desse tipo de atendimento, podemos citar: padronização do atendimento, nivelamento de competências, perfil comportamental e celeridade nos processos. Apesar de visar à redução de custos, a montagem dessa estrutura para que funcione perfeitamente envolve tempo, disposição e comprometimento dos integrantes.

Se você pensa em montar ou trabalhar em um *pool*, abordaremos a seguir como estruturar essa área:

1. primeiramente, é importante definir quem será o líder, a pessoa para quem o time se reportará e que, de preferência, seja um profissional de secretariado. O perfil desse líder também é muito importante e precisa ser escolhido com bastante cuidado, afinal, ele supervisionará todo o time, além de ser o ponto focal para dúvidas, de ser quem ditará o ritmo de trabalho e empenhará o time em suas funções. Quase sempre, ele também acumula a função de assistente sênior da área;
2. após a definição do líder desse *pool* – ou também dessa bancada, a qual é um dos termos que também se utiliza para essa organização entre os profissionais –, é importante que se tenha integrantes com diferentes níveis hierárquicos, pois o atendimento será prestado a vários executivos com senioridades distintas: CEOs, sócios, gerentes, analistas, entre outros. Dessa forma, é possível também nivelar o atendimento dos profissionais

mais juniores, que acompanharão seus pares mais seniores no dia a dia e terão a oportunidade de aprender muitas habilidades na prática;
3. para a contratação dos integrantes, o principal ponto de cuidado e atenção é com o perfil. Para trabalhar nesse modelo, buscam-se profissionais que tenham iniciativa e visão global do negócio, sejam inovadores, tenham senso de grupo, além das outras características essenciais da função. Afinal, adaptar-se é a chave;
4. após a contratação dos profissionais, é necessário ter treinamento, treinamento e mais treinamento. Todos devem ter as mesmas competências técnicas e comportamentais para que a padronização do trabalho seja possível.

Desafios da área

Sem dúvida, o maior desafio desse modelo de trabalho é o relacionamento interpessoal. Esse é o ponto mais desafiador para a maioria dos profissionais e é o principal motivo pelo qual alguns não se adaptam a esta organização, precisando ser sempre um tópico de alerta para o líder do *pool*.

A representatividade do profissional de secretariado no mercado de trabalho depende única e exclusivamente do desempenho de cada um, portanto não se deve dar espaço para os estereótipos que por muito tempo fizeram parte da profissão. Cabe a cada um de nós lutar pelo reconhecimento da função, não só como um profissional da área administrativa, mas como uma peça central, com funções estratégicas e relevantes nas atividades da empresa.

O grande ponto de alerta é que, mais do que as habilidades técnicas, são as habilidades comportamentais que podem minar os esforços de um *pool* coeso, integrado, ágil e funcional, uma vez que os maiores desafios estão ligados aos conflitos de relacionamento. O gestor precisa ter muita atenção para que todos os profissionais tenham as mesmas oportunidades, os treinamentos para nivelamento de qualificações necessárias e os escopos bem definidos, para que possam exercer sua individualidade e deixar sua marca na rotina da empresa.

Se esses profissionais são mal supervisionados e se sentem pressionados ou não valorizados, a área pode correr o risco de desandar e ser fonte de intriga, ciúmes, brigas e fofocas, causando danos à empresa e ao atendimento prestado, gerando desgastes desnecessários e declínio da produtividade. Por isso, relacionamento entre os integrantes e o nivelamento de competências são fundamentais e precisam ser trabalhados ativamente.

Haja inteligência emocional!

Gestão do profissional de secretariado

Aqui a regra é clara: o melhor gestor sempre será um profissional de secretariado. Aquele que conhece a fundo as exigências da função e tem *know-how* para aplicá-las e, assim, extrair o melhor de cada integrante do time. Para que tenha uma escuta plena, mantendo assim um bom relacionamento com os integrantes e, ainda, entendendo as entrelinhas daquilo que não é dito, o líder do *pool* deve se atentar a sua equipe, a fim de ter maior controle e melhor gestão da área.

Outra característica importante é a comunicação. A escuta plena também faz parte dela; afinal, nos comunicamos muito com gestos e palavras não ditas. Mas aqui, o importante é ter uma comunicação assertiva, com *feedbacks* contínuos e práticos, sempre preservando a motivação e energia dos integrantes. Nunca, jamais, tenha uma comunicação agressiva.

Esses profissionais estão na linha de frente, lidando com os executivos, por isso aqui vão alguns conselhos: ouça e prestigie o seu time, peça conselhos – afinal, vocês precisam de muita interação – e sempre confie no seu time. Lembre-se: as atividades não são executadas sem uma pessoa competente para isso.

Identifique seus talentos e mantenha-os sempre no topo.

Ferramentas que facilitam a organização das demandas do *pool*

De forma geral, o profissional de secretariado estará sempre se atualizando junto às tendências do mercado, buscando aperfeiçoamento contínuo para não se tornar obsoleto no contexto em que está inserido. Uma das formas de continuar evoluindo é fazer uso de ferramentas específicas para o desempenho de suas funções.

Ter o mesmo acesso às informações pode parecer algo óbvio e básico, porém é o ponto primordial para o funcionamento de um *pool* eficiente. Imagine a seguinte situação: um dos integrantes do *pool* saiu de férias e um dos executivos atendidos está viajando e precisa de um documento importante que apenas esse integrante tem. Caos na certa! Por isso, a primeira ferramenta é a organização do acesso às informações. Sempre salve todos os documentos em um local seguro e de fácil acesso para todos do *pool* e, para isso, conte com plataformas de armazenamento de arquivos na nuvem, como o Dropbox, Microsoft OneDrive, iCloud ou o Google Drive.

Utilize também, sempre que possível, as ferramentas do Google – como o G-Suites, Google Meet, Google Calendar, Google Drive, entre outras – as quais podem ser uma solução prática e gratuita para garantir o acesso de todos do *pool* às mesmas informações, sendo possível que todos editem o mesmo arquivo e acompanhem as atualizações.

Além disso, não abra mão de usar plataformas como Evernote, para o ajudar a organizar e ter tudo sempre à mão, e Trello, para gerenciamento de qualquer tipo de projeto, fluxo de trabalho e monitoramento de tarefas.

As plataformas de videoconferências – o Zoom, o Microsoft Teams ou o Google Meet, já informado acima – são ainda grandes aliadas na gestão de um *pool* de profissionais. No contexto de mundo pós-pandemia, em que o trabalho híbrido se tornou uma realidade e o time de profissionais nem sempre está fisicamente junto, por meio dessas ferramentas, pode-se rapidamente criar um ambiente on-line para quando há dúvidas sobre alguma tarefa, quando precisa-se buscar novas ideias para resolver alguma demanda, ou até mesmo quando há a necessidade de um *follow-up* das atividades realizadas. Um *pool* é formado por pessoas, portanto vê-las, ainda que on-line, é importante para obter os melhores benefícios dessa organização.

Benefícios de se trabalhar em *pool*

Se o maior desafio de se trabalhar em *pool* é o relacionamento interpessoal, esse também é o maior benefício.

Para manter uma equipe estruturada, a área precisa passar por diversos treinamentos, além de muita conversa e troca de experiências. Isso significa que, ao trabalhar em *pool*, sempre haverá alguém que já passou pela mesma situação ali ou em outra empresa e que pode ajudar os colegas com sua experiência. Ou, então, que sempre haverá várias pessoas pensando em conjunto para solucionar problemas, em uma espécie de *brainstorming* rotineiro, arrumando formas de facilitar o trabalho, buscar soluções e gerar cada vez mais resultado para a área.

É muito importante ter a mente aberta e estar disposto a aprender e captar coisas novas.

A formação da equipe com vários níveis é uma das melhores formas de se aprender a secretariar, pois alia-se o conhecimento técnico de todos os envolvidos, com a experiência aplicada e exercida na rotina. É incrível o que se aprende no dia a dia com pessoas com mais experiência do que você: é olhar para o lado e ver a outra pessoa resolvendo o mesmo problema que o seu de uma forma totalmente diferente e mais assertiva, é enxergar a excelência no atendimento de outra pessoa e seguir o mesmo caminho, mas também é ensinar o outro a fazer algo de forma diferente e, assim, a área caminha perfeitamente, buscando otimização do tempo. Além disso, também é muito interessante e proveitoso ver os profissionais mais juniores oferecerem sugestões de novas formas de se realizar alguma tarefa. Vale lembrar que essa sinergia e sincronicidade só acontecem porque as habilidades de relacionamento e comunicação desses profissionais são desenvolvidas e testadas a todo momento.

Além dos benefícios para os profissionais, os benefícios para as empresas também são inúmeros, principalmente: redução de custo, definição do escopo de tarefas, padronização e descentralização da entrega, cobertura de atendimento completa e funcional durante algum período de férias de alguém do *pool*. Isso quer dizer, por exemplo, que o executivo pode pedir algo para qualquer um dos integrantes do time e a entrega será concluída satisfatoriamente, independente de quem realizou o trabalho, pois todos sabem fazer a mesma tarefa e obter o mesmo resultado, ainda que os métodos e a realização possam ser diferentes.

Para alguns, trabalhar em um *pool* pode ser desafiador, especialmente se for a primeira vez nesse ambiente organizacional. Porém, se o profissional for bem qualificado, disposto a adaptar-se aos desafios e a área estiver bem estruturada, grandes frutos serão colhidos. Uma profissão não se constrói sozinha, e aprender com os colegas de trabalho pode ser uma grande forma de realização individual.